중학영어공부 혼자하기 100일 2

#중등 중학교 #중학생 교과서 #영어단어
#영단어 #영어독해 #영어문법 #한글로 영어

원어민 음성 MP3 다운로드 방법

한글영어 공식카페

한글영어 홈페이지에서 "중학영어공부 혼자하기 100일"을
검색해서 다운로드 가능합니다.

COLUM BOOKS

콜롬북스 앱에서 "중학영어공부 혼자하기 100일"를 검색해서
다운로드 가능합니다.

중학영어공부 혼자하기

한글영어 공식카페의 "http://reurl.kr/E36ACE3CJ"에서
다운로드 가능합니다.

영어공부의 첫걸음?

영어단어를 잘 읽을 줄 알아야 한다!

중학영어공부 혼자하기 100일은
영어단어를 잘 읽을 줄 알아야 영어에 흥미를 느끼고 열심히 할 수 있다는 원리를 기반으로
모든 영어단어와 영어문장의 발음을 한글로 표기했습니다.

영어단어를 잘 읽지 못해서
영어를 싫어하고 포기하는 일은 절대로 없어야 합니다.

중학영어공부
혼자하기 100일 ②

#중등 중학교 #중학생 교과서 #영어단어
#영단어 #영어독해 #영어문법 #한글로 영어

인쇄일	2022년 01월 01일
발행일	2022년 01월 01일
지은이	정용재
펴낸이	정용재
펴낸곳	(주)한글영어
주소	경기도 안양시 동안구 벌말로 123, A동 1111호 (평촌스마트베이)
전화	070-8711-3406
등록	제 385-2016-000051호
공식카페	http://한글영어.한국
MP3 다운로드	http://www.hanglenglish.com
디자인	김소아
인쇄제본	씨에이치피앤씨 (CH P&C) 02-2265-6116
ISBN	979-11-88935-29-1 (53740)

중학영어공부 혼자하기 100일 ❷

영어 공부 잘하는 법

1 **영어 읽기 연습** : 영어문장과 한글 발음을 보고 읽기 연습

좌측의 영어문장과 한글 발음을 보고 읽는 연습을 합니다.

원어민 음성을 들으면
최대한 모방한다는 마음으로
따라 읽습니다.

00 00	What is the **reason** you study English?
	왓 이즈 더 뤼즌 유 스떠디 잉글리쉬?

2 **영어 읽기 확인** : 영어문장을 보고 스스로 읽을 수 있는지 확인

우측의 영어문장만을 보고 스스로 읽을 수 있을 때까지 반복합니다.

00 00	What is the **reason** you study English?
	당신이 영어를 공부하는 **이유**는 무엇인가요?

3 **의미와 해석 연습** : 단어의 의미를 참고해서 해석 후 단어의미 암기하기

우측에 있는 영어문장의 밑줄과 한글의미를 활용해서 문장해석을 합니다.

00 00	What is the **reason** you study English?
	당신이 영어를 공부하는 **이유**는 무엇인가요?

4 **의미와 해석 확인** : 영어문장 속의 단어를 보고 의미를 말하기

좌측의 영어문장을 읽으면서 단어의 의미를 떠올려 스스로 해석을 합니다.

00 00	What is the **reason** you study English?
	왓 이즈 더 뤼즌 유 스떠디 잉글리쉬?

5 영어단어 암기 : 하루에 약 60 게씩 단어암기 연습

좌측의 영어단어와 우측의 한글의미를 비교해가면서 의미를 암기합니다
영어단어의 한글의미를 말하고, 한글의미의 영어단어를 말할 수 있습니다

	wait for~		light		crosswalk		~를 기다리다		불빛		횡단보도
	German		Germany		muscle		독일의		독일		근육
	hold		breast		witness		잡다		가슴		목격자

6 표제어 리뷰 테스트 : 200개씩 총 2,000개의 표제어 의미 확인

표제어의 원어민 음성을 들으면서 단어를 읽고 의미를 말할 수 있습니다

01	crosswalk	21	stale	41	spill	61	bond	81	stranger
02	resource	22	cricket	42	ability	62	soil	82	audience

7 영어문장 쓰기 : 영어단어와 영어문장의 스펠링 쓰기 연습

한글 발음을 읽으면서, 원어민 음성을 들으면서 영어스펠링 쓰기를 합니다

00
00

<u>What</u> <u>is</u> <u>the</u> **reason** <u>you</u> <u>study</u> <u>English</u>?

왓 이즈 더 **뤼**즌 유 스떠디 잉글리쉬?

교재의
한글
발음표기

1) f , r , v 발음은 ㅍ , ㄹ , <u>ㅂ</u> 로, p , l , b 발음은 ㅍ , ㄹ , ㅂ 로 표기했습니다.

2) out of 를 [아우러브] 로 표기한 것처럼 영어의 연음을 최대한 살렸습니다.

3) sky를 [스까이]로 표기한 것처럼 실제 사용하는 소리에 가깝게 했습니다.

1 학습 방법

1형식 문장 S + V + (M) S는 V한다.

2형식 문장 S + V + C +(M) S는 C이다.

3형식 문장 S + V + O + (M) S는 O를 V한다.

4형식 문장 S + V + IO + DO + (M) S는 IO에게 DO를 V한다.

5형식 문장 S + V + O + OC +(M) S는 O를 OC하게 V하다.

* M 시간, 장소, 방법

나무를 보기 전 숲을 보는 문법 공부

자동사, 타동사, 완전동사, 불완전동사의 문법 용어라는 나무를 공부하기 전에,
1형식, 2형식, 3형식, 4형식, 5형식을 실제 문장에서 활용하는 숲을 먼저 공부합니다.

숲을 보는 안목을 키우는 문장 5형식의 공부법은 단순합니다.

1형식이 무엇인가? 질문을 받으면 이렇게 답할 수 있어야 합니다.
"1형식은 에스 브이, 에는 브이한다."

2형식이 무엇인가? 질문을 받으면 이렇게 답할 수 있어야 합니다.
"2형식은 에스 브이 씨, 에스는 씨이다."

3형식이 무엇인가? 질문을 받으면 이렇게 답할 수 있어야 합니다.
"3형식은 에스 브이 오, 에스는 오를 브이한다."

4형식이 무엇인가? 질문을 받으면 이렇게 답할 수 있어야 합니다.
"4형식은 에스 브이 아이오 디오, 에스는 아이에게 디오를 브이한다."

5형식이 무엇인가? 질문을 받으면 이렇게 답할 수 있으면 됩니다.
"5형식은 에스 브이 오 오씨, 에스는 오를 오씨하게 브이한다."

2 실전 예제

1형식 <u>They</u> <u>are playing</u> <u>on the ground</u>.
그들   놀고 있다   운동장에서
S   V   M

그들은 운동장에서 놀고 있다.

2형식 <u>She</u> <u>is</u> <u>pretty</u> <u>like her mom</u>.
그녀 이다 예쁜 그녀의 엄마처럼
S   V   C   M

그녀는 그녀의 엄마처럼 예쁘다.

3형식 <u>Minsu</u> <u>likes</u> <u>basketball</u> <u>very much</u>.
민수   좋아하다   농구   매우 많이
S   V   O   M

민수는 농구를 매우 많이 좋아한다.

4형식 <u>He</u> <u>gave</u> <u>me</u> <u>a pencil</u> <u>yesterday</u>.
그 주었다 나 연필   어제
S   V   IO   DO   M

그는 어제 나에게 연필을 주었다

5형식 <u>We</u> <u>found</u> <u>the box</u> <u>empty</u>.
우리 발견했다 상자   속빈
S   V   O   OC

우리는 상자가 비어 있는 것을 발견했다.

---

1 <u>She</u> <u>allowed</u> <u>me</u> <u>to use the car</u>.
그녀   허락했다   나   차를 사용하는 것
S   V   O   OC

2 <u>The bell</u> <u>is ringing</u> <u>loudly</u>
종   울리고 있다   큰소리로
S   V   M

3 <u>Birds</u> <u>are flying</u> <u>in the sky</u>.
새들   날고 있다   하늘에서
S   V   M

4 <u>He</u> <u>is</u> <u>an English teacher</u>.
그 이다   영어선생님
S   V   C

5 <u>We</u> <u>called</u> <u>him</u> <u>Minsu</u>.
우리 불렀다   그   민수
S   V   O   OC

6 <u>My mom</u> <u>made</u> <u>me</u> <u>a cake</u>.
나의 엄마 만들었다 나   케익
S   V   IO   DO

7 <u>Mina</u> <u>bought</u> <u>a new watch</u>.
미나   샀다   새 시계
S   V   O

8 <u>He</u> <u>told</u> <u>me</u> <u>an interesting story</u>.
그 말했다 나   흥미로운 이야기
S   V   IO   DO

9 <u>She</u> <u>is</u> <u>very happy</u>.
그녀 이다 매우 행복한
S   V   C

10 <u>We</u> <u>visited</u> <u>him</u> <u>yesterday</u>.
우리 방문했다 그   어제
S   V   O   M

영어 발음기호 읽는 법

1	[a]	아	26	[k]	ㅋ
2	[e]	에	27	[g]	ㄱ
3	[æ]	애	28	[f]	ㅍ
4	[i]	이	29	[v]	ㅂ
5	[ɔ]	오	30	[θ]	ㅆ
6	[u]	우	31	[ð]	ㄷ
7	[ə]	어	32	[s]	ㅅ
8	[ʌ]	어	33	[z]	ㅈ
9	[a:]	아:	34	[ʃ]	쉬
10	[i:]	이:	35	[ʒ]	쥐
11	[ɔ:]	오:	36	[tʃ]	취
12	[u:]	우:	37	[dʒ]	쥐
13	[ə:]	어:	38	[h]	ㅎ
14	[ai]	아이	39	[r]	ㄹ
15	[ei]	에이	40	[m]	ㅁ
16	[au]	아우	41	[n]	ㄴ
17	[ɔi]	오이	42	[ŋ]	ㅇ
18	[ou]	오우	43	[l]	ㄹ
19	[iər]	이어	44	[j]	이
20	[ɛər]	에어	45	[w]	우
21	[uər]	우어	46	[wa]	와
22	[p]	ㅍ	47	[wɔ]	워
23	[b]	ㅂ	48	[ju]	유
24	[t]	ㅌ	49	[dʒa]	쟈
25	[d]	ㄷ	50	[tʃa]	촤

발음기호 교육의 필요성

영어단어를 읽기 위한 방법에는 두가지가 있습니다.
1) 아는 사람에게 확인해서 읽을 수 있습니다.
2) 영어사전을 보고 스스로 읽을 수 있습니다.

1번이 되려면 조건이 필요합니다.
항상 물어볼 사람이 있어야 하고, 영어발음을 들어서
깨우칠 정도로 듣기훈련이 선행되어야 합니다.

1번을 하기 위한 조건이 안되는 대한민국의 영어교육
환경에서는 2번이 가능하도록 교육을 해야 합니다.

그것이 바로 영어 발음기호 교육입니다.

예제

1. night [nait] 나잍   2. train [trein] 트레인

파닉스는 영어단어를 어떻게 읽을지 추측하도록 도
와주는 역할에 불과하기 때문에, 최소한 한번이라도
정확하게 발음기호로 영어단어를 읽어본 후 파닉스
를 적용할 수 있도록 해야 합니다.

발음기호 + 파닉스

발음기호와 함께 다음 7개의 파닉스만 알아두면 영어
읽기와 쓰기에 도움이 됩니다

ee 이	er 어	sh 쉬
oo 우	ng ㅇ	th ㄷ

th, ch 취

예제

sing   ㅅ ㅣ ㅇ …→ 싱
teacher   ㅌ ㅣ 취ㅓ …→ 티춰

051일
-
060일

06장

영어 공부 잘하는 법

10 01 He doesn't believe in **dishonest** men.
히 더즌(트) 블리브 인 디쓰아:니스트 멘.

10 02 The couple met and got married during the **tour**.
더 커플 멭 앤(드) 같 메뤼드 주륑 더 투어r.

10 03 Industry developed after the **discovery** of electricity.
인더스추뤼 디벨로웊트 애프터r 더 디스커버뤼 어브 일렉추뤼씨디.

10 04 She boasted about her **shiny** new pair of shoes.
쉬 보우스틷 어바울 허r 샤이니 뉴 페어r 어브 슈즈.

10 05 A servant must **obey** his master's orders.
어 써r번트 머스트 오우베이 히즈 매스터r즈 오r더r즈.

10 06 I can't predict the ending of the **affair**.
아이 캔(트) 프뤼딕(트) 디 엔딩 어브 디 어페어r.

10 07 He **probably** knows the cause of the accident.
히 프롸버블리 노우즈 더 코:즈 어브 디 액씨든트.

10 08 **Actually**, he doesn't dislike you.
액추얼리, 히 더즌(트) 디쓸라잌 유.

10 09 The **admiral** retired from the Navy.
디 애드머뤌 뤼타이어r드 프뤔 더 네이비.

10 10 She was very **scared** of crocodiles.
쉬 워즈 베뤼 스케어r드 어브 크롸커다일즈.

believe	dishonest	man	get married	tour	industry
develop	discovery	electricity	boast	shiny	a pair of
servant	must	obey	master	order	predict
ending	affair	probably	cause	accident	actually
dislike	admiral	retire	Navy	be scared of	crocodile

10 01 He doesn't believe in **dishonest** men.
그는 부정직한 사람들을 믿지 않는다.

10 02 The couple met and got married during the **tour**.
그 커플은 여행 동안에 만나서 결혼했다.

10 03 Industry developed after the **discovery** of electricity.
산업은 전기의 발견 후 발전했다.

10 04 She boasted about her **shiny** new pair of shoes.
그녀는 빛나는 새 구두 한 쌍을 자랑했다.

10 05 A servant must **obey** his master's orders.
하인은 주인의 명령에 따라야 한다.

10 06 I can't predict the ending of the **affair**.
나는 사건의 결말을 예측할 수 없다.

10 07 He **probably** knows the cause of the accident.
그는 아마도 사고의 원인을 알고 있다.

10 08 **Actually**, he doesn't dislike you.
사실은 그는 너를 싫어하는 것이 아니다.

10 09 The **admiral** retired from the Navy.
해군 대장이 해군으로부터 은퇴했다.

10 10 She was very **scared** of crocodiles.
그녀는 악어를 매우 무서워했다.

믿다	부정직한	사람	결혼하다	여행	산업
발전하다	발견	전기	자랑하다	빛나는	한 쌍의
하인	해야만 한다	따르다	주인	명령	예측하다
결말	사건	아마도	원인	사고	사실은
싫어하다	해군 대장	은퇴하다	해군	~을 무서워하다	악어

10
11
The **modern** museum exhibited ancient relics.
더 마런 뮤지엄 엑지비린 에인션트 뤨릭쓰.

10
12
What is the function or role of the **eyebrow?**
왈 이즈 더 펑션 오어r 로울 어브 디 아이브라우?

10
13
There is a log **cabin** in the clearing of a forest.
데어r 이즈 어 로그 캐빈 인 더 클리어륑 어브 어 포뤠스트.

10
14
She put a heavy **knapsack** on her shoulder.
쉬 풑 어 헤비 냅쌕 온 허r 쑈울더r.

10
15
Minsu **behaved** as if he was a teacher.
민수 비헤이브드 애즈 이프 히 워즈 어 티:처r.

10
16
He drove fast on the **expressway.**
히 주로우브 패스트 온 디 엑쓰프뤠쓰웨이.

10
17
Wool and cotton are used to make **textiles.**
우월 앤(드) 칼은 아r 유즈(드) 투 메이크 텍스타일즈.

10
18
The mole **dug** up the ground to build a house.
더 모울 덕 엎 더 그롸운(드) 투 빌드 어 하우쓰.

10
19
The surgeon **cured** the patient's wounds.
더 써r줜 큐어r(드) 더 페이션츠 워운즈.

10
20
He has the **courage** to challenge adventures.
히 해즈 더 커:뤼쥐 투 췔린쥐 어드벤춰r즈.

☐ modern	☐ museum	☐ exhibit	☐ ancient	☐ relic	☐ function
☐ role	☐ eyebrow	☐ log	☐ cabin	☐ clearing	☐ forest
☐ knapsack	☐ shoulder	☐ behave	☐ as if~	☐ expressway	☐ wool
☐ cotton	☐ textile	☐ mole	☐ dig	☐ build	☐ surgeon
☐ cure	☐ patient	☐ wound	☐ courage	☐ challenge	☐ adventure

10 11 The **modern** museum exhibited ancient relics.
현대의 박물관이 고대 유물을 전시했다.

10 12 What is the function or role of the **eyebrow?**
눈썹의 기능 또는 역할은 뭔가요?

10 13 There is a log **cabin** in the clearing of a forest.
숲속의 공터에는 통나무 오두막집이 있다.

10 14 She put a heavy **knapsack** on her shoulder.
그녀는 어깨에 무거운 배낭을 멨다.

10 15 Minsu **behaved** as if he was a teacher.
민수는 마치 선생님처럼 행동했다.

10 16 He drove fast on the **expressway**.
그는 고속도로에서 빠르게 운전했다.

10 17 Wool and cotton are used to make **textiles**.
양모와 목화는 직물을 만드는 데 쓰인다.

10 18 The mole **dug** up the ground to build a house.
두더지는 집을 짓기 위해 땅을 팠다.

10 19 The surgeon **cured** the patient's wounds.
외과 의사가 환자의 상처를 치료했다.

10 20 He has the **courage** to challenge adventures.
그는 모험에 도전할 용기가 있다.

현대의	박물관	전시하다	고대의	유물	기능
역할	눈썹	통나무	오두막집	공터	숲
배낭	어깨	행동하다	마치 ~ 처럼	고속도로	양모
목화	직물	두더지	파다	짓다	외과 의사
치료하다	환자	상처	용기	도전하다	모험

10 21 This product is available for **international** trade.
디쓰 프러덕트 이즈 어베일러블 포r 인터r내셔늘 추뤠이드.

10 22 She scratched the criminal's face with her **nails**.
쉬 스크뤠취(트) 더 크뤼미늘즈 페이쓰 위드 허r 네일즈.

10 23 We **hastily** made conclusions to the discussion.
위 헤이스틀리 메이드 컨클루줜쓰 투 더 디쓰커션.

10 24 If you see a ghost, you can fall into **panic**.
이프 유 씨 어 고우스트, 유 캔 폴 인투 패닉.

10 25 **Sparrows** and doves are around the fountain.
스패로우즈 앤(드) 더브즈 아r 어롸운(드) 더 파운튼.

10 26 The witness **described** the criminal's face.
더 윗네쓰 디쓰크롸이브(드) 더 크뤼미늘즈 페이쓰.

10 27 He heard the professor's **lecture** in the auditorium.
히 허r(드) 더 프러페써r즈 렉처r 인 디 오디토뤼엄.

10 28 She planted ivy on the **fence**.
쉬 플랜틷 아이비 온 더 펜쓰.

10 29 In other words, the **sum** of 4 and 7 is 11.
인 아더r 워r즈, 더 썸 어브 포r 앤(드) 쎄븐 이즈 일레븐.

10 30 I found someone **decent** for the job.
아이 파운드 썸원 디:쓴트 포r 더 좝.

☐ product	☐ available	☐ international	☐ trade	☐ scratch	☐ criminal
☐ nail	☐ hastily	☐ conclusion	☐ discussion	☐ ghost	☐ fall into
☐ panic	☐ sparrow	☐ dove	☐ around	☐ fountain	☐ witness
☐ describe	☐ professor	☐ lecture	☐ auditorium	☐ plant	☐ ivy
☐ fence	☐ in other words	☐ sum	☐ someone	☐ decent	☐ job

10 21 This product is available for **international** trade.
이 상품은 국제적인 무역이 가능하다.

10 22 She scratched the criminal's face with her **nails**.
그녀는 손톱으로 범인의 얼굴을 긁었다.

10 23 We **hastily** made conclusions to the discussion.
우리는 급히 토론의 결론을 내렸다.

10 24 If you see a ghost, you can fall into **panic**.
유령을 본다면 공황에 빠질 수 있다.

10 25 **Sparrows** and doves are around the fountain.
참새와 비둘기가 분수 주위에 있다.

10 26 The witness **described** the criminal's face.
목격자가 범인의 얼굴을 묘사했다.

10 27 He heard the professor's **lecture** in the auditorium.
그는 교수의 강의를 강당에서 들었다.

10 28 She planted ivy on the **fence**.
그녀는 울타리에 담쟁이덩굴을 심었다.

10 29 In other words, the **sum** of 4 and 7 is 11.
다시 말하면, 4와 7의 합계는 11이다.

10 30 I found someone **decent** for the job.
나는 그 일에 적당한 사람을 찾았다.

☐ 상품	☐ 이용 가능한	☐ 국제적인	☐ 무역	☐ 긁다	☐ 범인
☐ 손톱	☐ 급히	☐ 결론	☐ 토론	☐ 유령	☐ ~에 빠지다
☐ 공황	☐ 참새	☐ 비둘기	☐ ~주위에	☐ 분수	☐ 목격자
☐ 묘사하다	☐ 교수	☐ 강의	☐ 강당	☐ 심다	☐ 담쟁이덩굴
☐ 울타리	☐ 다시 말하면	☐ 합계	☐ 누군가	☐ 적당한	☐ 일

10 31 The children made a complete **mess** of the room.
더 췰드뤈 메이드 어 컴플릿 메쓰 어브 더 루:움.

10 32 The Air Force has arranged various **aircrafts**.
디 에어r 포r쓰 해즈 어뤠인쥐드 베뤼어쓰 에어r크뤠프츠.

10 33 The song is about loving **oneself**.
더 쏭 이즈 어바울 러빙 원쎌프.

10 34 My mother laid a **tiny** baby in her cradle.
마이 마더r 레이드 어 타이니 베이비 인 허r 크뤠이들.

10 35 He produces electricity with **nuclear** energy.
히 프러듀쎄즈 일렉츠뤼씨디 위드 뉴:클리어r 에너r쥐.

10 36 It is **rather** chilly in the morning these days.
잍 이즈 롸더r 췰리 인 더 모닝 디즈 데이즈.

10 37 The **novelist** has recently published a novel.
더 나블리스트 해즈 뤼쓴리 퍼블뤼쉬트 어 나블.

10 38 The clerk gave me a **bill** for lunch.
더 클러r크 게입 미 어 빌 포r 런취.

10 39 The doctor put a **stethoscope** on his chest.
더 닥터r 풑 어 스테떠스코웊 온 히즈 췌스트.

10 40 His **official** title is "Deputy Speaker".
히즈 아피셜 타이를 이즈 "데퓨디 스피커r".

☐ children	☐ complete	☐ mess	☐ Air Force	☐ arrange	☐ various
☐ aircraft	☐ song	☐ oneself	☐ lay	☐ tiny	☐ cradle
☐ produce	☐ electricity	☐ nuclear	☐ rather	☐ chilly	☐ these days
☐ novelist	☐ recently	☐ publish	☐ novel	☐ clerk	☐ bill
☐ stethoscope	☐ chest	☐ official	☐ title	☐ deputy	☐ speaker

10 31 The children made a complete **mess** of the room.
아이들이 방을 완전히 엉망으로 만들었다.

10 32 The Air Force has arranged various **aircrafts**.
공군은 다양한 항공기를 배치했다.

10 33 The song is about loving **oneself**.
그 노래는 자신을 사랑하는 것에 대한 것이다.

10 34 My mother laid a **tiny** baby in her cradle.
어머니가 작은 아기를 요람에 눕혔다.

10 35 He produces electricity with **nuclear** energy.
그는 원자력 에너지로 전기를 생산한다.

10 36 It is **rather** chilly in the morning these days.
요즈음 아침에는 다소 쌀쌀하다.

10 37 The **novelist** has recently published a novel.
그 소설가는 최근에 소설책을 출간했다.

10 38 The clerk gave me a **bill** for lunch.
점원이 나에게 점심에 대한 계산서를 주었다.

10 39 The doctor put a **stethoscope** on his chest.
의사가 가슴에 청진기를 대었다.

10 40 His **official** title is "Deputy Speaker".
그의 공식의 직함은 "부대변인"이다.

☐ 아이들	☐ 완전한	☐ 엉망인 상태	☐ 공군	☐ 배치하다	☐ 다양한
☐ 항공기	☐ 노래	☐ 자기 자신	☐ 놓다	☐ 작은	☐ 요람
☐ 생산하다	☐ 전기	☐ 원자력의	☐ 다소	☐ 쌀쌀한	☐ 요즈음
☐ 소설가	☐ 최근에	☐ 출간하다	☐ 소설	☐ 점원	☐ 계산서
☐ 청진기	☐ 가슴	☐ 공식의	☐ 직함	☐ 부	☐ 대변인

10 41 She drove at **maximum** speed.
쉬 즈로우브 앹 맥씨멈 스피드.

10 42 He has a gold watch with **chains**.
히 해즈 어 고울드 왙취 위드 췌인즈.

10 43 As my **sight** got worse, I am wearing glasses.
애즈 마이 싸이트 같 워r쓰, 아이 엠 웨어륑 글레쎄쓰.

10 44 The high fence completely **surrounds** the house.
더 하이 펜쓰 컴플릳리 써롸운즈 더 하우쓰.

10 45 Countless stars **twinkle** in the sky.
카운틀레쓰 스타r즈 트윙클 인 더 스까이.

10 46 I hope our **friendship** will last forever.
아이 호웊 아워r 프뤤(드)쉽 윌 라스트 퍼뤠버r.

10 47 She sends a **message** to her parents every month.
쉬 센즈 어 메쎄쥐 투 허r 페어뤈츠 에브뤼 먼쓰.

10 48 The spider eats the **bugs** on the web.
더 스파이더r 이츠 더 벅즈 온 더 웹.

10 49 His **merit** is his positive and bright personality.
히즈 메륏트 이즈 파저티브 앤(드) 브롸잍 퍼r써낼러디.

10 50 A fire **occurred** in the city because of an earthquake.
어 파이어r 어커:r드 인 더 씨디 비코:즈 어브 언 어r쓰퀘잌.

drive	maximum	speed	chain	sight	worse
wear	glasses	fence	completely	surround	countless
twinkle	hope	friendship	last	forever	send
message	every month	spider	bug	web	merit
positive	bright	personality	occur	city	earthquake

18

10 41 She drove at **maximum** speed.
그녀는 최고의 속도로 운전했다.

10 42 He has a gold watch with **chains**.
그는 쇠사슬이 달린 금시계가 있다.

10 43 As my **sight** got worse, I am wearing glasses.
나는 시력이 점점 나빠져서 안경을 쓰고 있다.

10 44 The high fence completely **surrounds** the house.
높은 울타리가 완전히 집을 둘러쌌다.

10 45 Countless stars **twinkle** in the sky.
셀 수 없이 많은 별들이 하늘에서 반짝인다.

10 46 I hope our **friendship** will last forever.
우리의 우정이 영원히 지속되길 희망한다.

10 47 She sends a **message** to her parents every month.
그녀는 매달 부모님께 소식을 보낸다.

10 48 The spider eats the **bugs** on the web.
거미는 거미줄에 걸린 벌레를 먹는다.

10 49 His **merit** is his positive and bright personality.
그의 장점은 긍정적이고 밝은 성격이다.

10 50 A fire **occurred** in the city because of an earthquake.
지진으로 시내에 화재가 발생했다.

운전하다	최고의	속도	쇠사슬	시력	더 나쁜
쓰다	안경	울타리	완전히	둘러싸다	셀 수 없이 많은
반짝이다	희망하다	우정	지속하다	영원히	보내다
소식	매달	거미	벌레	거미줄	장점
긍정적인	밝은	성격	발생하다	도시	지진

10 51 His parents **approved** his marriage.
히즈 페어뤈츠 어프로:브드 히즈 매뤼쥐.

10 52 My grades show a **gradual** increase.
마이 그뤠이즈 쑈우 어 그뤠주얼 인크뤼쓰.

10 53 She dreams of a **peaceful** world.
쉬 주륌즈 어브 어 피:쓰플 워r을드.

10 54 I heard a cannon **shot** from the distance.
아이 허r드 어 캐넌 샬: 프뤔 더 디쓰떤쓰.

10 55 She tried to calm down her **anger**.
쉬 추롸인 투 캄 다운 허r 앵거r.

10 56 When crossing the crosswalk, **carefully** look on both sides.
웬 크롸씽 더 크롸쓰워크, 케어r플리 룩 온 보우쓰 싸이즈.

10 57 She has been **ambitious** since she was a child.
쉬 해즈 빈 앰비셔쓰 씬스 쉬 워즈 어 촤일드.

10 58 I have a **sore** throat and nose because of a cold.
아이 해브 어 쏘:r 쓰로울 앤 노우즈 비코:즈 오브 어 코울드.

10 59 She disguised herself to **conceal** her identity.
쉬 디쓰가이즈드 허r쎌프 투 컨씰: 허r 아이데너티.

10 60 I have the **liberty** not to attend the meeting.
아이 해브 더 리버r티 낱 투 어텐(드) 더 미링.

---

parents	approve	marriage	grade	gradual	increase
dream	peaceful	world	cannon	shot	distance
calm down	anger	cross	crosswalk	carefully	both
side	ambitious	since~	sore	throat	disguise
herself	conceal	identity	liberty	attend	meeting

10 51 His parents **approved** his marriage.
그의 부모님은 그의 결혼을 찬성했다.

10 52 My grades show a **gradual** increase.
나의 성적은 점진적인 상승을 보여준다.

10 53 She dreams of a **peaceful** world.
그녀는 평화로운 세상을 꿈꾼다.

10 54 I heard a cannon **shot** from the distance.
나는 먼 곳에서 대포 발사 소리를 들었다.

10 55 She tried to calm down her **anger**.
그녀는 화를 진정시키려 노력했다.

10 56 When crossing the crosswalk, **carefully** look on both sides.
횡단보도 건널 때 주의 깊게 양쪽을 봐라.

10 57 She has been **ambitious** since she was a child.
그녀는 어릴 때부터 야망을 가졌다.

10 58 I have a **sore** throat and nose because of a cold.
감기 때문에 목과 코가 아프다.

10 59 She disguised herself to **conceal** her identity.
그녀는 신원을 숨기려고 변장했다.

10 60 I have the **liberty** not to attend the meeting.
난 모임에 참석하지 않을 자유가 있다.

부모님	찬성하다	결혼	성적	점진적인	상승
꿈꾸다	평화로운	세상	대포	발사	먼 곳
진정시키다	화	건너다	횡단보도	주의 깊게	양쪽의
측면	야망을 가진	~이후로	아픈	목	변장하다
그녀 자신	숨기다	신원	자유	참석하다	모임

10 61 We went to Busan in **various** ways.
위 웬(트) 투 부산 인 베<u>뤼</u>어쓰 웨이즈.

10 62 The freshman **orientation** was held in the auditorium.
더 <u>프뤠</u>쉬맨 오:<u>뤼</u>언테이션 워즈 헬드 인 디 오디토<u>뤼</u>엄.

10 63 She's the smartest **pupil** in the class.
쉬즈 더 스마r티슽 퓨:플 인 더 클래쓰.

10 64 The student who **yelled** in the hallway was punished.
더 스튜든트 후 옐드 인 더 홀웨이 워즈 퍼니쉬트.

10 65 He took a **bath** at home after work.
히 툭 어 배쓰 앹 호움 애프터r 워r크.

10 66 She was so **charming** that she attracted attention.
쉬 워즈 쏘우 촤r밍 댈 쉬 어추뤸틷 어텐션.

10 67 Her husband's illness is a big **sorrow** to her.
허r 허즈밴즈 일네쓰 이즈 어 빅 쏘:로우 투 허r.

10 68 Tourists are wandering around the hotel **hallway**.
투어<u>뤼</u>스츠 아r 완더<u>륑</u> 어<u>롸</u>운(드) 더 호우텔 홀웨이.

10 69 The parrot quietly escaped from its **cage**.
더 패<u>뤹</u> 쿠와잍리 이쓰케잎트 <u>프뤔</u> 이츠 케이쮀.

10 70 You need technology to decode the **code**.
유 닡 테크날러쥐 투 디코웉 더 코우드.

☐ various	☐ way	☐ freshman	☐ orientation	☐ hold	☐ auditorium
☐ the smartest	☐ pupil	☐ class	☐ yell	☐ hallway	☐ punish
☐ take a bath	☐ after work	☐ so A that B	☐ charming	☐ attract	☐ attention
☐ husband	☐ illness	☐ sorrow	☐ tourist	☐ wander	☐ parrot
☐ quietly	☐ escape	☐ cage	☐ technology	☐ decode	☐ code

10 61 We went to Busan in **various** ways.
우리는 여러가지 방법으로 부산에 갔다.

10 62 The freshman **orientation** was held in the auditorium.
신입생 진로지도가 강당에서 열렸다.

10 63 She's the smartest **pupil** in the class.
그녀는 반에서 가장 똑똑한 학생이다.

10 64 The student who **yelled** in the hallway was punished.
복도에서 소리친 학생은 벌을 받았다.

10 65 He took a **bath** at home after work.
그는 퇴근한 후, 집에서 목욕을 했다.

10 66 She was so **charming** that she attracted attention.
그녀는 매우 매력적이라서 주의를 끌었다.

10 67 Her husband's illness is a big **sorrow** to her.
남편의 질병은 그녀에게 큰 슬픔이다.

10 68 Tourists are wandering around the hotel **hallway**.
관광객이 호텔 복도에서 돌아다니고 있다.

10 69 The parrot quietly escaped from its **cage**.
앵무새가 새장에서 조용히 도망갔다.

10 70 You need technology to decode the **code**.
네가 암호를 해독하려면 기술이 필요하다.

☐ 여러 가지의	☐ 방법	☐ 신입생	☐ 진로지도	☐ 모임을 열다	☐ 강당
☐ 가장 똑똑한	☐ 학생	☐ 반	☐ 소리치다	☐ 복도	☐ 벌주다
☐ 목욕을 하다	☐ 퇴근 후	☐ 너무 A해서 B하다	☐ 매력적인	☐ 주의를 끌다	☐ 주의
☐ 남편	☐ 질병	☐ 슬픔	☐ 관광객	☐ 돌아다니다	☐ 앵무새
☐ 조용히	☐ 도망가다	☐ 새장	☐ 기술	☐ 해독하다	☐ 암호

 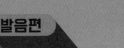

10 71 The **barrier** was installed to prevent accidents.
더 배<u>뤼</u>어r 워즈 인스똘(드) 투 프<u>뤼</u>벤(트) 액씨던츠.

10 72 He surprisingly caught the **blade** of the sword.
히 써r프롸이징리 캇 더 블레이드 어<u>브</u> 더 쏘r드.

10 73 **Everyone** is equal before the law.
에<u>브</u><u>뤼</u>원 이즈 이쿠얼 비포r 더 로:.

10 74 The pastor read the **bible** at church.
더 패스터r <u>뤤</u> 더 바이블 앳 춰r춰.

10 75 Bring the bill over to the **counter**.
브<u>륑</u> 더 빌 오우<u>버</u>r 투 더 카운터r.

10 76 It is **rare** for him to go to work early.
잇 이즈 <u>뤠</u>어r 포r 힘 투 고우 투 워r크 어얼r리.

10 77 She can't distinguish **fantasy** from reality.
쉬 캔(트) 디쓰팅구위쉬 팬터씨 프<u>뤔</u> <u>뤼</u>알러디.

10 78 **Spinach** is a vegetable with many essential nutrients.
스피내취 이즈 어 베<u>쥐</u>터블 위드 메니 에쎈셜 누추<u>뤼</u>언츠.

10 79 Military service in Korea is **compulsory**.
밀러테<u>뤼</u> 써r비쓰 인 코<u>뤼</u>아 이즈 컴펄써<u>뤼</u>.

10 80 I told my grandson an **amusing** story.
아이 토울(드) 마이 그<u>뤤</u>(드)썬 언 어뮤:징 스토<u>뤼</u>.

barrier	prevent	accident	surprisingly	blade	sword
everyone	equal	before	law	pastor	bible
church	bring	bill	counter	rare	early
distinguish	fantasy	reality	spinach	vegetable	essential
nutrient	military	service	compulsory	grandson	amusing

10 71 The **barrier** was installed to prevent accidents.
장벽이 사고를 막으려고 설치되었다.

10 72 He surprisingly caught the **blade** of the sword.
그는 놀랍게도 검의 칼날을 잡았다.

10 73 **Everyone** is equal before the law.
모든 사람은 법 앞에서 평등하다.

10 74 The pastor read the **bible** at church.
그 목사님은 교회에서 성경을 읽었다.

10 75 Bring the bill over to the **counter**.
계산서를 저기 계산대에 갖다 주세요.

10 76 It is **rare** for him to go to work early.
그가 일찍 출근하는 것은 드물다.

10 77 She can't distinguish **fantasy** from reality.
그녀는 공상과 현실을 구분 못 한다.

10 78 **Spinach** is a vegetable with many essential nutrients.
시금치는 필수적 영양소가 많은 채소다.

10 79 Military service in Korea is **compulsory**.
한국에서 군 복무는 강제적이다.

10 80 I told my grandson an **amusing** story.
난 손자에게 재미있는 이야기를 해줬다.

장벽	막다	사고	놀랍게도	칼날	검
모든 사람	평등한	앞에서	법	목사님	성경
교회	가져가다	계산서	계산대	드문	일찍
구별하다	공상	현실	시금치	채소	강제적인
영양소	군대의	복무	강제적인	손자	재미있는

10 81 An **extra** member joined our meeting.
언 엑스추롸 멤버r 조인드 아워r 미링.

10 82 He paid this month's **rent** to his landlord.
히 페이드 디쓰 먼쓰 뤤(트) 투 히즈 랜들로r드.

10 83 I just don't know the answer to this **puzzle**.
아이 줘슽 도운(트) 노우 디 앤써r 투 디스 퍼즐.

10 84 She divided the students by **gender**.
쉬 디바이딛 더 스튜든츠 바이 줸더r.

10 85 He forgot the **appointment** he had made with her.
히 퍼r같 디 어포인(트)멘트 히 햍 메이드 위드 허r.

10 86 I envy their close **relationship**.
아이 엔비 데어r 클로우스 륄레이션쉽.

10 87 The dog remembers the owner's **unique** scent.
더 도그 뤼멤버r즈 디 오우너r즈 유닠: 쎈트.

10 88 We **extended** our discussion until midnight.
위 엑쓰텐딛 아워r 디쓰커션 언틸 미드나잍.

10 89 She's an ardent **supporter** of the candidate.
쉬즈 언 아:r든(트) 써포:r터r 어브 디 캔디데잍.

10 90 The conversation with her became a great **comfort**.
더 컨버r쎄이션 위드 허r 비케임 어 그뤠잍 컴포트.

---

extra	join	pay	this month	rent	landlord
answer	puzzle	divide	gender	forget	appointment
envy	close	relationship	remember	owner	unique
scent	extend	discussion	until	midnight	ardent
supporter	candidate	conversation	become	great	comfort

10 81 An **extra** member joined our meeting.
추가의 회원이 우리 모임에 가입했다.

10 82 He paid this month's **rent** to his landlord.
그는 집주인께 이번 달 집세를 지불했다.

10 83 I just don't know the answer to this **puzzle**.
나는 이 수수께끼 답을 도저히 모르겠다.

10 84 She divided the students by **gender**.
그녀는 학생들을 성별로 나누었다.

10 85 He forgot the **appointment** he had made with her.
그는 그녀와의 약속을 잊었다.

10 86 I envy their close **relationship**.
나는 그들의 친한 관계가 부러워한다.

10 87 The dog remembers the owner's **unique** scent.
개는 주인의 독특한 냄새를 기억한다.

10 88 We **extended** our discussion until midnight.
우린 토론을 자정까지 연장했다.

10 89 She's an ardent **supporter** of the candidate.
그녀는 후보자의 열렬한 지지자다.

10 90 The conversation with her became a great **comfort**.
그녀와의 대화가 큰 위로가 되었다.

추가의	가입하다	지불하다	이번 달	집세	집주인
답	수수께끼	나누다	성	잊다	약속
부러워하다	친한	관계	기억하다	주인	독특한
냄새	연장하다	토론	~할 때까지	자정	열렬한
지지자	후보자	대화	되다	큰	위로

27

10 91 He went to a nearby **clinic** because of his stomachache.
히 웬(트) 투 어 니어r바이 클리닉 비코:즈 어브 히즈 스터먹에익.

10 92 Regular **activity** is important to stay healthy.
뤠귤러r 액티비리 이즈 임포r튼(트) 투 스테이 헬씨.

10 93 I **marveled** at his quick problem solving.
아이 마:r블드 앹 히즈 쿠윅 프롸블럼 쌀빙.

10 94 His suit **buttonhole** is torn.
히즈 쑤울 벝은호울 이즈 톤.

10 95 I am grateful for her **kindness**.
아이 엠 그뤠잍플 포r 허r 카인네쓰.

10 96 His spending has exceeded his **gross** earnings.
히즈 스뻰딩 해즈 익씨딛 히즈 그로우쓰 어닝즈.

10 97 Tofu and soy sauce are both made from **soybeans**.
토우포 앤 쏘이 쏘:쓰 아r 보우쓰 메이드 프뤔 쏘이빈:즈.

10 98 I threw the **garbage** into the trash.
아이 쓰루 더 가:r비쥐 인투 더 추뤠쉬.

10 99 He **insulted** me by swearing bitterly.
이 인썰틷 미 바이 스웨어륑 비러r리.

11 00 The strong **aroma** of coffee fills the room.
더 스추롱 어로우마 어브 커:피 필즈 더 로:움.

nearby	clinic	stomachache	regular	activity	important
healthy	marvel	quick	problem	suit	buttonhole
tear	grateful	kindness	spend	exceed	gross
earning	tofu	soy sauce	soybean	garbage	trash
insult	swear	bitterly	strong	aroma	fill

10 91 He went to a nearby **clinic** because of his stomachache.
그는 위통때문에 가까운 진료소에 갔다.

10 92 Regular **activity** is important to stay healthy.
규칙적인 활동은 건강하게 유지하는데 중요하다.

10 93 I **marveled** at his quick problem solving.
나는 그의 빠른 문제풀이에 놀랐다.

10 94 His suit **buttonhole** is torn.
그의 정장 단추 구멍이 찢어졌다.

10 95 I am grateful for her **kindness**.
나는 그녀의 친절함에 감사한다.

10 96 His spending has exceeded his **gross** earnings.
지출이 그의 전체의 수입을 초과했다.

10 97 Tofu and soy sauce are both made from **soybeans**.
두부나 간장은 둘 다 콩으로 만들어진다.

10 98 I threw the **garbage** into the trash.
나는 쓰레기를 쓰레기속으로 던졌다.

10 99 He **insulted** me by swearing bitterly.
그는 심하게 욕을 해서 나를 모욕했다.

11 00 The strong **aroma** of coffee fills the room.
진한 커피 향기가 방안에 가득하다.

가까운	진료소	위통	규칙적인	활동	중요한
건강한	놀라다	빠른	문제	정장	단추 구멍
찢다	감사하는	친절함	소비하다	초과하다	전체의
수입	두부	간장	콩	쓰레기	쓰레기
모욕하다	욕을 하다	심하게	진한	향기	채우다

11
01 Sparks rose from the **tip** of his finger.
스팍r쓰 로우즈 프룀 더 팊 어브 히즈 핑거r.

11
02 She **decorated** the living room with flowers.
쉬 데커뤠이린 더 리빙 루:움 위드 플라워r즈.

11
03 My dream is to **unite** the two divided countries.
마이 주룀 이즈 투 유나잍 더 투 디바이딘 컨추뤼즈.

11
04 He wore a black suit to the **funeral**.
히 우워r 어 블랙 수웉 투 더 퓨너뤌.

11
05 A **bullet** penetrated the soldier's chest.
어 불렡 페네추뤠잍 더 쏘울줘r즈 췌스트.

11
06 My uncle left my cute **nephew** with me.
마이 엉클 레프트 마이 큐웉 네퓨: 위드 미.

11
07 I **guess** the correct answer is number 2.
아이 게쓰 더 커뤡트 앤써r 이즈 넘버r 투.

11
08 A normal **teenager** goes to school in the morning.
어 노r멀 티:네이줘r 고우즈 투 스쿨 인 더 모r닝.

11
09 The Navy **shot** cannons at the submarine.
더 네이비 샽: 캐넌즈 앨 더 썹머륀.

11
10 **Wool** is made by cutting off the sheep's hair.
우월 이즈 메이드 바이 커링 어프 더 쉮쓰 헤어r.

☐ spark	☐ rise	☐ tip	☐ finger	☐ decorate	☐ living room
☐ flower	☐ dream	☐ unite	☐ divided	☐ black	☐ suit
☐ funeral	☐ bullet	☐ penetrate	☐ soldier	☐ chest	☐ uncle
☐ cute	☐ nephew	☐ guess	☐ correct	☐ normal	☐ teenager
☐ Navy	☐ shoot	☐ cannon	☐ submarine	☐ cut off	☐ sheep

11 01 Sparks rose from the **tip** of his finger.
그의 손가락 끝에서 불꽃이 일어났다.

11 02 She **decorated** the living room with flowers.
그녀는 꽃으로 거실을 장식했다.

11 03 My dream is to **unite** the two divided countries.
내 꿈은 둘로 나뉜 나라를 합치는 것이다.

11 04 He wore a black suit to the **funeral**.
그는 장례식에서 검은색 정장을 입었다.

11 05 A **bullet** penetrated the soldier's chest.
한발의 총알이 병사의 가슴을 관통했다.

11 06 My uncle left my cute **nephew** with me.
삼촌은 귀여운 남자 조카를 나에게 맡겼다.

11 07 I **guess** the correct answer is number 2.
나는 정답이 2번이라고 추측한다.

11 08 A normal **teenager** goes to school in the morning.
보통의 10대는 아침에 학교에 간다.

11 09 The Navy **shot** cannons at the submarine.
해군은 잠수함을 향해 대포를 쐈다.

11 10 **Wool** is made by cutting off the sheep's hair.
양모는 양의 털을 잘라서 만들어진다.

☐ 불꽃	☐ 일어나다	☐ 끝	☐ 손가락	☐ 장식하다	☐ 거실
☐ 꽃	☐ 꿈	☐ 합치다	☐ 나뉜	☐ 검은색	☐ 정장
☐ 장례식	☐ 총알	☐ 관통하다	☐ 군인	☐ 가슴	☐ 삼촌
☐ 귀여운	☐ 남자 조카	☐ 추측하다	☐ 맞는	☐ 보통의	☐ 10대
☐ 해군	☐ 쏘다	☐ 대포	☐ 잠수함	☐ 잘라 버리다	☐ 양

11 11
The rhinoceros has a **horn** on its head.
더 롸이나써뤄쓰 해즈 어 혼: 온 이츠 헤드.

11 12
She went **downstairs** from upstairs.
쉬 웬(트) 다운스테어r즈 프뤔 엎스테어r즈.

11 13
There was a **religious** event at church.
데어r 워즈 어 륄리줘쓰 이벤트 앹 춰r취.

11 14
The fisherman **cast** a net into the water.
더 피쉬어r맨 캐스트 어 넽 인투 더 워러r.

11 15
We need a policy for **national** development.
위 니드 어 팔러씨 포r 내셔늘 디벨로웊멘트.

11 16
I mentioned a **major** city in Europe as an example.
아이 멘션드 어 메이줘r 씨디 인 유로웊 애즈 언 이그잼플.

11 17
So I **support** the government policy.
쏘우 아이 써포:r(트) 거번멘트 팔러씨.

11 18
He sent a **parcel** by express mail at the post office.
히 쎈트 어 파:r쓸 바이 엑쓰프뤠쓰 메일 앹 더 포우스트 아피쓰.

11 19
I want to **cancel** my pension reservation.
아이 원(트) 투 캔쓸 마이 펜션 레줘r베이션.

11 20
He **connected** the wire to the generator.
히 커넥틷 더 와이어r 투 더 줴너뤠이터r.

☐ rhinoceros	☐ horn	☐ downstairs	☐ upstairs	☐ religious	☐ event
☐ church	☐ fisherman	☐ cast	☐ net	☐ policy	☐ national
☐ development	☐ mention	☐ major	☐ as	☐ example	☐ so
☐ support	☐ government	☐ parcel	☐ express	☐ mail	☐ post office
☐ cancel	☐ pension	☐ reservation	☐ connect	☐ wire	☐ generator

11
11
The rhinoceros has a **horn** on its head.
코뿔소는 머리에 한 개의 뿔을 가졌다.

11
12
She went **downstairs** from upstairs.
그녀는 2층에서 아래층으로 내려갔다.

11
13
There was a **religious** event at church.
종교적인 행사가 교회에서 열렸다.

11
14
The fisherman **cast** a net into the water.
어부가 힘껏 그물을 물속으로 던졌다.

11
15
We need a policy for **national** development.
우리는 국가의 발전을 위한 정책이 필요하다.

11
16
I mentioned a **major** city in Europe as an example.
난 유럽의 주요한 도시를 예로 언급했다.

11
17
So I **support** the government policy.
그래서 나는 정부의 정책을 지지한다.

11
18
He sent a **parcel** by express mail at the post office.
그는 우체국에서 소포를 속달로 보냈다.

11
19
I want to **cancel** my pension reservation.
나는 펜션 예약을 취소하고 싶다.

11
20
He **connected** the wire to the generator.
그는 전선을 발전기에 연결했다.

코뿔소	뿔	아래층으로	위층에서	종교적인	행사
교회	어부	던지다	그물	정책	국가의
발전	언급하다	주요한	~로서	예	그래서
지지하다	정부	소포	신속한	우편	우체국
취소하다	작은 호텔	예약	연결하다	전선	발전기

11 21 She **calculated** the weight and speed of the stone.
쉬 캘큘레이딛 더 웨이트 앤 스삐드 어브 더 스토운.

11 22 You can paint pictures on the **wallpaper** as you like.
유 캔 페인트 픽춰r즈 온 더 월:페이퍼r 애즈 유 라잌.

11 23 The **interior** of the car was wider than I thought.
디 인티뤼어r 어브 더 카r 워즈 와이더r 댄 아이 또:트.

11 24 We **exchanged** gifts at the party.
위 익쓰췌인쥐드 기프츠 앹 더 파r디.

11 25 **Buds** grew up here and there in spring.
버즈 그루 엎 히어r 앤 데어r 인 스프륑.

11 26 He came down the **hilltop** on a sled.
히 케임 다운 더 힐탚 온 어 슬렏.

11 27 She **smashed** the rock hard with a hammer.
쉬 스매쉬(트) 더 롹 하r드 위드 어 해머r.

11 28 The admiral ordered the navy to **hush**.
디 애드머뤌 오r더r(드) 더 네이비 투 허쉬.

11 29 How much is the **volume** of your refrigerator?
하우 머취 이즈 더 발륨: 어브 유어 뤠프뤼쮀뤠이러r?

11 30 The paper's headline **phrase** is short but powerful.
더 페이퍼r즈 헤들라인 프뤠이즈 이즈 쑈r트 벝 파워r플.

calculate	weight	speed	stone	paint	wallpaper
interior	wide	think	exchange	gift	bud
grow up	spring	hilltop	sled	smash	hard
hammer	admiral	order	navy	hush	volume
refrigerator	paper	headline	phrase	short	powerful

11 21 She **calculated** the weight and speed of the stone.
그녀는 돌의 무게와 속도를 계산했다.

11 22 You can paint pictures on the **wallpaper** as you like.
벽지에 마음대로 그림을 그려도 좋다.

11 23 The **interior** of the car was wider than I thought.
그 자동차의 내부가 생각보다 넓었다.

11 24 We **exchanged** gifts at the party.
우리는 파티에서 선물을 교환했다.

11 25 **Buds** grew up here and there in spring.
새싹이 봄이 되자 여기저기에서 자랐다.

11 26 He came down the **hilltop** on a sled.
그는 언덕꼭대기에서 썰매를 타고 내려왔다.

11 27 She **smashed** the rock hard with a hammer.
그녀는 망치로 바위를 강하게 쳤다.

11 28 The admiral ordered the navy to **hush**.
해군대장이 해군에게 조용히 하라고 명령했다.

11 29 How much is the **volume** of your refrigerator?
너의 냉장고의 용량은 얼마인가요?

11 30 The paper's headline **phrase** is short but powerful.
신문의 헤드라인 문구는 짧지만 강렬하다.

계산하다	무게	속도	돌	페인트칠 하다	벽지
내부	넓은	생각하다	교환하다	선물	새싹
자라다	봄	언덕꼭대기	썰매	강하게 치다	세게
망치	해군대장	명령하다	해군	조용히 하다	용량
냉장고	신문	표제	문구	짧은	강렬한

11 31 I shook his shoulder to **rouse** him.
아이 슉 히즈 쑈울더r 투 롸우즈 힘.

11 32 The children generally **dread** the dentist.
더 췰드뤈 줴너뤌리 드뤧 더 덴티스트.

11 33 Our **steady** attacks brought the victory.
아워r 스테디 어택쓰 브뢑 더 빅토뤼.

11 34 Three people waited for the bus in one **row**.
쓰뤼 피쁠 웨이릳 포r 더 버쓰 인 원 로우.

11 35 He lost his **baggage** at the airport.
히 로스트 히즈 배기쥐 앹 디 에어r포rt.

11 36 She won gold, silver and **bronze** medals.
쉬 원 고울드, 씰버r 앤(드) 브롼즈 메를즈.

11 37 A **tear** of joy came down on his cheek.
어 티어r 어브 조이 케임 다운 온 히즈 췤.

11 38 Cockroaches have **amazing** vitality.
카크로우취즈 해브 어메이징 바이탤러디.

11 39 The police **arrested** a pickpocket at the scene.
더 펄:리쓰 어뤠스틷 어 픽파킷 앹 더 씬.

11 40 Our **product** has had good consumer response.
아워r 프롸:덕트 해즈 핻 굳 컨수머r 뤼스빤쓰.

shake	shoulder	rouse	generally	dread	dentist
steady	attack	bring	victory	wait for	row
lose	baggage	airport	win	silver	bronze
tear	joy	cheek	cockroach	amazing	vitality
arrest	pickpocket	scene	product	consumer	response

11 31 I shook his shoulder to **rouse** him.
나는 그의 어깨를 흔들어서 깨웠다.

11 32 The children generally **dread** the dentist.
아이들은 일반적으로 치과를 두려워한다.

11 33 Our **steady** attacks brought the victory.
우리의 꾸준한 공격이 승리를 가져왔다.

11 34 Three people waited for the bus in one **row**.
세 사람이 한 줄로 버스를 기다렸다.

11 35 He lost his **baggage** at the airport.
그는 공항에서 수하물을 잃어버렸다.

11 36 She won gold, silver and **bronze** medals.
그녀는 금, 은, 동메달을 땄다.

11 37 A **tear** of joy came down on his cheek.
기쁨의 눈물이 그의 뺨을 타고 내려왔다.

11 38 Cockroaches have **amazing** vitality.
바퀴벌레는 놀라운 생명력을 가지고 있다.

11 39 The police **arrested** a pickpocket at the scene.
경찰관이 소매치기를 현장에서 체포했다.

11 40 Our **product** has had good consumer response.
우리 생산품은 소비자 반응이 좋다.

흔들다	어깨	깨우다	일반적으로	두려워하다	치과
꾸준한	공격	가져오다	승리	~을 기다리다	줄
잃다	수화물	공항	따다	은	청동
눈물	기쁨	볼	바퀴벌레	놀라운	생명력
체포하다	소매치기	현장	생산품	소비자	반응

11 41 The dog sat gently **beneath** the table.
더 도그 샛 젠틀리 비니:쓰 더 테이블.

11 42 **Bathe** in warm water before sleeping.
베이드 인 웜 워러r 비포r 슬리핑.

11 43 She felt light-headed after drinking **beer**.
쉬 펠(트) 라잍-헤딛 애프터r 주륑킹 비어r.

11 44 A dictionary is useful for learning **languages**.
어 딕셔네뤼 이즈 유즈플 포r 러닝 랭구위쥐즈.

11 45 I **suggested** a new radio commercial.
아이 써줴스틷 어 뉴 뤠이디오 커머r셜.

11 46 He finally **located** the missing child.
히 파이늘리 로우케이릳 더 미씽 촤일드.

11 47 She **received** a letter of confession from him.
쉬 뤼씨:브드 어 레러r 어브 컨페션 프륌 힘.

11 48 The baseball coach **encouraged** the players.
더 베이쓰볼 코우취 인커:뤼쥗 더 플레이어r즈.

11 49 The **magician** shouted a spell at the hat.
더 머쥐션 샤우틷 어 스펠 앹 더 햍.

11 50 The flower of democracy is called **election**.
더 플라워r 어브 데머크롸씨 이즈 콜드 일렉션.

sit	gently	beneath	bathe	warm	sleep
light-headed	drink	beer	dictionary	useful	learn
language	suggest	commercial	finally	locate	missing
receive	confession	baseball	coach	encourage	player
magician	shout	spell	hat	democracy	election

11 41
The dog sat gently **beneath** the table.
개가 얌전하게 탁자 아래에 앉았다.

11 42
Bathe in warm water before sleeping.
잠자기 전 따뜻한 물에 목욕해라.

11 43
She felt light-headed after drinking **beer**.
그녀는 맥주를 마시고 약간 어지러움을 느꼈다.

11 44
A dictionary is useful for learning **languages**.
사전은 언어를 배우는 데 유용하다.

11 45
I **suggested** a new radio commercial.
나는 새로운 라디오 광고를 제안했다.

11 46
He finally **located** the missing child.
그는 마침내 실종된 아이의 위치를 찾았다.

11 47
She **received** a letter of confession from him.
그녀는 어제 고백의 편지를 받았다.

11 48
The baseball coach **encouraged** the players.
야구 코치가 선수에게 용기를 줬다.

11 49
The **magician** shouted a spell at the hat.
마술사가 모자에 주문을 외쳤다.

11 50
The flower of democracy is called **election**.
민주주의의 꽃은 선거라고 불린다.

앉다	얌전하게	~아래에	목욕하다	따뜻한	잠자다
약간 어지러운	마시다	맥주	사전	유용한	배우다
언어	제안하다	광고	마침내	위치를 알아내다	실종된
받다	고백	야구	코치	용기를 주다	선수
마술사	소리치다	주문	모자	민주주의	선거

11 51
Her idea is really **creative**.
허r 아이디어 이즈 <u>뤼</u>을리 크<u>뤼</u>에이티브.

11 52
The secret to her **slim** body is an intense workout.
더 씨크<u>뤹</u> 투 허r 슬림 바디 이즈 언 인텐쓰 워r카웉.

11 53
The clown's facial **expression** is funny.
더 클라운즈 페이셜 엑스프<u>뤠</u>션 이즈 퍼니.

11 54
Books are an endless fountain of **wisdom**.
북쓰 아r 언 엔들레쓰 파운튼 어브 위즈듬.

11 55
The bridge is so **narrow** that we cross it one by one.
더 브<u>뤼</u>쥐 이즈 쏘우 내<u>로</u>우 댈 위 크<u>롸</u>쓰 잍 원 바이 원.

11 56
It is somewhat **chilly** in the morning nowadays.
잍 이즈 썸왙 췰리 인 더 모r닝 나우어데이즈.

11 57
The **salmon** came back to the river to lay eggs.
더 쌔먼 케임 백 투 더 <u>뤼</u>버r 투 레이 엑스.

11 58
It is a great **honor** to receive a Nobel Prize.
잍 이즈 어 그<u>뤠</u>잍 아너r 투 <u>뤼</u>씨브 어 노우벨 프<u>롸</u>이즈.

11 59
He got scolded because of his **rude** behavior.
히 같 스코울딛 비코:즈 어브 히즈 루:드 비헤이<u>비</u>어r.

11 60
There is also a speed **limit** on the highway.
데어r 이즈 올쏘우 어 스삐드 리밑 온 더 하이웨이.

---

creative	secret	slim	intense	workout	clown
facial	expression	funny	endless	fountain	wisdom
bridge	narrow	cross	one by one	somewhat	chilly
nowadays	salmon	lay	honor	receive	prize
scold	rude	behavior	also	limit	highway

11 51 Her idea is really **creative**.
그녀의 아이디어는 진짜 창조적이다.

11 52 The secret to her **slim** body is an intense workout.
그녀의 날씬한 몸매 비결은 심한 운동이다.

11 53 The clown's facial **expression** is funny.
어릿광대의 얼굴 표정이 재미있다.

11 54 Books are an endless fountain of **wisdom**.
책은 끝이 없는 지혜의 샘이다.

11 55 The bridge is so **narrow** that we cross it one by one.
그 다리는 매우 좁아서 한 사람씩 건넌다.

11 56 It is somewhat **chilly** in the morning nowadays.
요즈음 아침에는 다소 쌀쌀하다.

11 57 The **salmon** came back to the river to lay eggs.
연어가 알을 낳으려고 강에 돌아왔다.

11 58 It is a great **honor** to receive a Nobel Prize.
노벨상을 받는다는 것은 큰 명예다.

11 59 He got scolded because of his **rude** behavior.
그는 무례한 행동 때문에 혼났다.

11 60 There is also a speed **limit** on the highway.
고속도로 또한 속도 제한이 있다.

창조적인	비밀	날씬한	심한	운동	어릿광대
얼굴의	표정	재미있는	끝없는	샘	지혜
다리	좁은	건너다	한 사람씩	다소	쌀쌀한
요즈음	연어	낳다	명예	받다	상
꾸짖다	무례한	행동	또한	제한	고속도로

11 61 Koreans lower their heads to **bow** each other.
코뤼언즈 로우워r 데어r 헤즈 투 바우 이춰 아더r.

11 62 The road is bent with a gentle **curve**.
더 로우드 이즈 벤트 위드 어 젠틀 커:r브.

11 63 An **excess** of stress can hurt your health.
언 엑쎄스 어브 스추뤠쓰 캔 허r트 유어r 헬쓰.

11 64 People are shouting '**Hurray** for the Queen'.
피쁠 아r 샤우팅 '허뤠이 포r 더 쿠윈'.

11 65 It's the best medicine to take a **rest**.
이츠 더 베스트 메디쓴 투 테이크 어 뤠스트.

11 66 A **crow** is a bird whose body is all black.
어 크로우 이즈 어 버r드 후즈 바디 이즈 올 블랙.

11 67 There was a special **sale** at the warehouse last week.
데어r 워즈 어 스페셜 쎄일 앹 더 웨어r하우쓰 라스트 윅.

11 68 She turned her defeat into a **victory**.
쉬 턴드 허r 디피트 인투 어 빅토뤼.

11 69 The movie's preview was held at the **cinema**.
더 무비즈 프뤼뷰 워즈 헬드 앹 더 씨네마.

11 70 She **dyed** her hair blonde.
쉬 다이드 허r 헤어r 블란:드.

☐ Korean	☐ lower	☐ bow	☐ each other	☐ road	☐ bend
☐ gentle	☐ curve	☐ excess	☐ stress	☐ hurt	☐ health
☐ shout	☐ hurray	☐ queen	☐ medicine	☐ rest	☐ crow
☐ black	☐ special	☐ warehouse	☐ last week	☐ defeat	☐ victory
☐ movie	☐ preview	☐ cinema	☐ dye	☐ hair	☐ blonde

11 61 Koreans lower their heads to **bow** each other.
한국인은 머리를 숙여서 서로 인사한다.

11 62 The road is bent with a gentle **curve**.
그 도로는 완만한 곡선으로 구부러져 있다.

11 63 An **excess** of stress can hurt your health.
지나친 스트레스는 건강을 해칠 수 있다.

11 64 People are shouting 'Hurray for the Queen'.
사람들이 '여왕 만세'라고 외치고 있다.

11 65 It's the best medicine to take a **rest**.
휴식을 취하는 것이 최고의 보약이다.

11 66 A **crow** is a bird whose body is all black.
까마귀는 온몸이 새까만 새다.

11 67 There was a special **sale** at the warehouse last week.
지난주 창고에서 특별 판매가 있었다.

11 68 She turned her defeat into a **victory**.
그녀는 패배를 승리로 반전시켰다.

11 69 The movie's preview was held at the **cinema**.
영화관에서 영화의 시사회가 열렸다.

11 70 She **dyed** her hair blonde.
그녀는 머리를 금발로 염색했다.

한국인	낮추다	인사하다	서로	도로	구부리다
완만한	곡선	지나침	스트레스	해치다	건강
소리치다	만세	여왕	약	휴식	까마귀
검은	특별한	창고	지난주	패배	승리
영화	시사회	영화관	염색하다	머리카락	금발의

11 71 The **runner** dramatically won the marathon.
더 륀너r 주롸메티클리 원 더 매러썬.

11 72 Don't panic and hold your **breath**.
도운(트) 패닉 앤(드) 호울드 유어r 브뤠쓰.

11 73 The patient quickly recovered back to a normal **pulse**.
더 페이션트 크위클리 뤼커버r(드) 백 투 어 노r믈 펄쓰.

11 74 The workers are digging a **ditch** around the house.
더 워r커r즈 아r 디깅 어 디취 어롸운(드) 더 하우쓰.

11 75 He packed some **underwear** for the trip.
히 팩트 썸 언더r웨어r 포r 더 추륍.

11 76 I **shared** some important information with her.
아이 쉐어r드 썸 임포r튼(트) 인퍼r메이션 위드 허r.

11 77 She **set** a plate and a bowl on the table.
쉬 셋 어 플레잍 앤(드) 어 보울 온 더 테이블.

11 78 Travelers stayed at the **inn** during the country trip.
추뤠블러r즈 스테이드 앹 디 인 주륑 더 컨추뤼 추륍.

11 79 His **pastime** is collecting old stamps.
히즈 패스타임 이즈 컬렉팅 오울드 스탬쓰.

11 80 The raft drifted **toward** the sea.
더 뤠프트 주뤼프틷 투워r(드) 더 씨.

runner	dramatically	marathon	panic	hold	breath
patient	recover	normal	pulse	dig	ditch
pack	underwear	trip	share	important	information
plate	bowl	traveler	stay	inn	pastime
collect	old	stamp	raft	drift	toward

**11
71** The **runner** dramatically won the marathon.
경주자는 극적으로 마라톤에서 이겼다.

**11
72** Don't panic and hold your **breath**.
허둥대지 말고 숨을 참아라.

**11
73** The patient quickly recovered back to a normal **pulse**.
환자는 금방 정상적 맥박을 회복했다.

**11
74** The workers are digging a **ditch** around the house.
인부들이 집 주위에 도랑을 파고 있다.

**11
75** He packed some **underwear** for the trip.
그는 여행을 위해 속옷을 챙겼다.

**11
76** I **shared** some important information with her.
나는 그녀와 중요한 정보를 나눴다.

**11
77** She **set** a plate and a bowl on the table.
그녀는 식탁에 접시와 그릇을 놓았다.

**11
78** Travelers stayed at the **inn** during the country trip.
여행객은 시골 여행 중 여관에 머물렀다.

**11
79** His **pastime** is collecting old stamps.
그의 취미는 오래된 우표 수집이다.

**11
80** The raft drifted **toward** the sea.
뗏목이 바다 쪽으로 떠내려갔다.

경주자	극적으로	마라톤	허둥대다	참다	숨
환자	회복하다	정상의	맥박	파다	도랑
챙기다	속옷	여행	나누다	중요한	정보
접시	그릇	여행객	머물다	여관	취미
수집하다	오래된	우표	뗏목	떠내려가다	~쪽으로

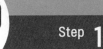

| 11 81 | **The sun** is rising above the **horizon**. |
| | 더 썬 이즈 롸이징 어버브 더 허롸이즌. |

| 11 82 | She **sneezed** because of the strong smell. |
| | 쉬 스니:즈드 비코:즈 어브 더 스추롱 스멜. |

| 11 83 | His face turned red with **shame**. |
| | 히즈 페이쓰 턴드 레드 위드 쉐임. |

| 11 84 | I **whispered** in a small voice. |
| | 아이 위스퍼r드 인 어 스멀 보이쓰. |

| 11 85 | He held a weapon to **guard** his family. |
| | 히 헬드 어 웨뻔 투 가:r드 히즈 페믈리. |

| 11 86 | Let me know in advance if you are **unable** to attend. |
| | 렐 미 노우 인 어드밴쓰 이프 유 아r 언에이블 투 어텐드. |

| 11 87 | She answered my **question** correctly. |
| | 쉬 앤써r드 마이 쿠에스쳔 커뤸들리. |

| 11 88 | I counted the **exact** number of attendees. |
| | 아이 카운틷 디 이그잭(트) 넘버r 어브 어텐디즈. |

| 11 89 | Stretch your arms **upward** and hold hands. |
| | 스추뤠취 유어r 암즈 어풔r드 앤(드) 호울드 핸즈. |

| 11 90 | He has a faint memory of his **hometown**. |
| | 히 해즈 어 페인트 메머뤼 어브 히즈 호움타운. |

sun	rise	above	horizon	sneeze	strong
smell	turn	shame	whisper	voice	weapon
guard	let me know	in advance	be unable to	attend	answer
question	correctly	count	exact	number	attendee
stretch	upward	hold	faint	memory	hometown

11 81 The sun is rising above the **horizon**.
태양이 지평선 위로 떠오르고 있다.

11 82 She **sneezed** because of the strong smell.
그녀는 독한 냄새 때문에 재채기했다.

11 83 His face turned red with **shame**.
그의 얼굴은 부끄러움으로 빨개졌다.

11 84 I **whispered** in a small voice.
나는 작은 목소리로 속삭였다.

11 85 He held a weapon to **guard** his family.
그는 가족을 지키려고 무기를 집어 들었다.

11 86 Let me know in advance if you are **unable** to attend.
참석할 수 없으면 미리 알려주세요.

11 87 She answered my **question** correctly.
그녀는 나의 질문에 정확하게 대답했다.

11 88 I counted the **exact** number of attendees.
나는 참석자의 정확한 숫자를 셌다.

11 89 Stretch your arms **upward** and hold hands.
두 팔을 위로 잘 펴서 손을 잡으세요.

11 90 He has a faint memory of his **hometown**.
그는 고향에 대한 기억이 희미하다.

태양	떠오르다	~보다 위로	지평선	재채기하다	독한
냄새	변하다	부끄러움	속삭이다	목소리	무기
지키다	알려주세요	미리	~할 수 없다	참석하다	대답하다
질문	정확하게	세다	정확한	숫자	참석자
펴다	위로	잡다	희미한	기억	고향

11
91
This is her first **solo** flight.
디쓰 이즈 허r 퍼r스트 쏘울로우 플라잍.

11
92
They are **friendly** enough to lend me money.
데이 아r 프뤤들리 이너프 투 렌(드) 미 머니.

11
93
I put socks and underwear in the **closet**.
아이 풀 쌐쓰 앤(드) 언더r웨어r 인 더 클라:젵.

11
94
The **atom** is the smallest unit of matter.
디 애럼 이즈 더 스몰리스트 유닡 어브 매러r.

11
95
He **burned** the trash in the front yard.
히 번:(드) 더 추뤠쉬 인 더 프뤈트 야r드.

11
96
College students greeted the professor **politely**.
컬리쥐 스튜든츠 그뤼틷 더 프러페써r 펄라잍리.

11
97
Youngsters get a bus fare discount.
영스터r즈 겥 어 버쓰 페어r 디쓰카운트.

11
98
The herd of **cattle** drank water in the river.
더 허r드 어브 캐를 주뤵크 워러r 인 더 뤼버r.

11
99
The blade is so **dull** that it can't cut the cucumber.
더 블레이드 이즈 쏘우 덜 댇 잍 캔(트) 컽 더 큐컴버r.

12
00
South Korea is located on the Asian **continent**.
싸우쓰 코뤼아 이즈 로우케이릳 온 디 에이쉬언 칸:티넌트.

solo	flight	friendly	enough	lend	socks
underwear	closet	atom	matter	burn	trash
front yard	college	greet	professor	politely	youngster
fare	discount	herd	cattle	drink	blade
dull	cucumber	south	located	Asian	continent

11 91 <u>This</u> <u>is</u> her first **solo** flight.
이것이 그녀의 첫 번째 혼자 하는 비행이다.

11 92 <u>They</u> <u>are</u> **friendly** <u>enough</u> to <u>lend</u> me <u>money.</u>
그들은 나에게 돈을 빌려줄 정도로 충분히 친하다.

11 93 <u>I put socks</u> and <u>underwear</u> in the **closet**.
나는 옷장안에 양말과 속옷을 넣어둔다.

11 94 The **atom** <u>is</u> <u>the smallest</u> unit <u>of matter.</u>
원자는 물질의 가장 작은 단위다.

11 95 He **burned** the <u>trash</u> in the <u>front yard.</u>
그는 앞마당에서 쓰레기를 태웠다.

11 96 <u>College students greeted</u> the <u>professor</u> **politely**.
대학생들이 교수님에게 공손히 인사했다.

11 97 **Youngsters** <u>get</u> a bus <u>fare discount.</u>
청소년은 버스요금 할인이 적용된다.

11 98 The <u>herd</u> of **cattle** <u>drank water</u> in the <u>river.</u>
소 떼가 강가에서 물을 마셨다.

11 99 The <u>blade</u> <u>is</u> <u>so</u> **dull** that <u>it can't cut</u> <u>the cucumber.</u>
칼날이 너무 무뎌서 오이를 자를 수가 없다.

12 00 <u>South Korea</u> is <u>located</u> <u>on the Asian</u> **continent**.
한국은 아시아 대륙에 위치해 있다.

혼자 하는	비행	친한	충분한	빌려주다	양말
속옷	옷장	원자	물질	태우다	쓰레기
앞마당	대학	인사하다	교수	공손히	청소년
요금	할인	떼	소	마시다	칼날
무딘	오이	남쪽의	에 위치한	아시아의	대륙

표제어 리뷰 테스트

MP3 듣기

01	dishonest	21	international	41	maximum	61	various	81	extra
02	tour	22	nail	42	chain	62	orientation	82	rent
03	discovery	23	hastily	43	sight	63	pupil	83	puzzle
04	shiny	24	panic	44	surround	64	yell	84	gender
05	obey	25	sparrow	45	twinkle	65	bath	85	appointment
06	affair	26	describe	46	friendship	66	charming	86	relationship
07	probably	27	lecture	47	message	67	sorrow	87	unique
08	actually	28	fence	48	bug	68	hallway	88	extend
09	admiral	29	sum	49	merit	69	cage	89	supporter
10	scared	30	decent	50	occur	70	code	90	comfort
11	modern	31	mess	51	approve	71	barrier	91	clinic
12	eyebrow	32	aircraft	52	gradual	72	blade	92	activity
13	cabin	33	oneself	53	peaceful	73	everybody	93	marvel
14	knapsack	34	tiny	54	shot	74	bible	94	buttonhole
15	behave	35	nuclear	55	anger	75	counter	95	kindness
16	expressway	36	rather	56	carefully	76	rare	96	gross
17	textile	37	novelist	57	ambitious	77	fantasy	97	soybean
18	dig	38	bill	58	sore	78	spinach	98	garbage
19	cure	39	stethoscope	59	conceal	79	compulsory	99	insult
20	courage	40	official	60	liberty	80	amusing	00	aroma

01	tip	21	calculate	41	beneath	61	bow	81	horizon
02	decorate	22	wallpaper	42	bathe	62	curve	82	sneeze
03	unite	23	interior	43	beer	63	excess	83	shame
04	funeral	24	exchange	44	language	64	hurray	84	whisper
05	bullet	25	bud	45	suggest	65	rest	85	guard
06	nephew	26	hilltop	46	locate	66	crow	86	unable
07	guess	27	smash	47	receive	67	sale	87	question
08	teenager	28	hush	48	encourage	68	victory	88	exact
09	shoot	29	volume	49	magician	69	cinema	89	upward
10	wool	30	phrase	50	election	70	dye	90	hometown
11	horn	31	rouse	51	creative	71	runner	91	solo
12	downstairs	32	dread	52	slim	72	breath	92	friendly
13	religious	33	steady	53	expression	73	pulse	93	closet
14	cast	34	row	54	wisdom	74	ditch	94	atom
15	national	35	baggage	55	narrow	75	underwear	95	burn
16	major	36	bronze	56	chilly	76	share	96	politely
17	support	37	tear	57	salmon	77	set	97	youngster
18	parcel	38	amazing	58	honor	78	inn	98	cattle
19	cancel	39	arrest	59	rude	79	pastime	99	dull
20	connect	40	product	60	limit	80	toward	00	continent

정답

01	부정직한	21	국제적인	41	최고의	61	여러 가지의	81	추가의
02	여행	22	손톱	42	쇠사슬	62	진로지도	82	집세
03	발견	23	급히	43	시력	63	학생	83	수수께끼
04	빛나는	24	공황	44	둘러싸다	64	소리치다	84	성
05	따르다	25	참새	45	반짝이다	65	목욕	85	약속
06	사건	26	묘사하다	46	우정	66	매력적인	86	관계
07	아마도	27	강의	47	소식	67	슬픔	87	독특한
08	사실은	28	울타리	48	벌레	68	복도	88	연장하다
09	해군대장	29	합계	49	장점	69	새장	89	지지자
10	무서워하는	30	적당한	50	발생하다	70	암호	90	위로
11	현대의	31	엉망인 상태	51	찬성하다	71	장벽	91	진료소
12	눈썹	32	항공기	52	점진적인	72	칼날	92	활동
13	오두막집	33	자기 자신	53	평화로운	73	모든 사람	93	놀라다
14	배낭	34	작은	54	발사	74	성경	94	단추 구멍
15	행동하다	35	원자력의	55	화	75	계산대	95	친절함
16	고속도로	36	다소	56	주의 깊게	76	드문	96	전체의
17	직물	37	소설가	57	야망을 가진	77	공상	97	콩
18	파다	38	계산서	58	아픈	78	시금치	98	쓰레기
19	치료하다	39	청진기	59	숨기다	79	강제적인	99	모욕하다
20	용기	40	공식의	60	자유	80	재미있는	00	향기

정답

01	끝	21	계산하다	41	아래에	61	인사하다	81	지평선
02	장식하다	22	벽지	42	목욕하다	62	곡선	82	재채기하다
03	합치다	23	내부	43	맥주	63	지나침	83	부끄러움
04	장례식	24	교환하다	44	언어	64	만세	84	속삭이다
05	총알	25	새싹	45	제안하다	65	휴식	85	지키다
06	남자조카	26	언덕꼭대기	46	위치를 알아내다	66	까마귀	86	할 수 없는
07	추측하다	27	강하게 치다	47	받다	67	판매	87	질문
08	10대	28	조용히 하다	48	용기를 주다	68	승리	88	정확한
09	쏘다	29	용량	49	마술사	69	영화관	89	위로
10	양모	30	문구	50	선거	70	염색하다	90	고향
11	뿔	31	깨우다	51	창조적인	71	경주자	91	혼자 하는
12	아래층으로	32	두려워하다	52	날씬한	72	숨	92	친한
13	종교적인	33	꾸준한	53	표정	73	맥박	93	옷장
14	던지다	34	줄	54	지혜	74	도랑	94	원자
15	국가의	35	수하물	55	좁은	75	속옷	95	태우다
16	주요한	36	청동	56	쌀쌀한	76	나누다	96	공손히
17	지지하다	37	눈물	57	연어	77	놓다	97	청소년
18	소포	38	놀라운	58	명예	78	여관	98	소
19	취소하다	39	체포하다	59	무례한	79	취미	99	무딘
20	연결하다	40	생산품	60	제한	80	~쪽으로	00	대륙

061일
-
070일

07장

영어 공부 잘하는 법

12 01 He donated to a **fund** to help sick people.
히 도우네이린 투 어 펀드 투 헬프 씩 피쁠.

12 12 **Review** the contract carefully and stamp it.
뤼뷰: 더 컨추뤸트 케어r플리 앤드 스탬프 잍.

12 03 She stacked rice and beans in the **barn**.
쉬 스택트 롸이쓰 앤(드) 빈즈 인 더 반:.

12 04 I frankly **admitted** that I was wrong.
아이 프뤵클리 어드미린 댙 아이 워즈 롱.

12 05 I **laid** two sticks side by side.
아이 레읻 투 스틱쓰 싸읻 바이 싸이드.

12 06 The **beetle** has a hard shell.
더 비:를 해즈 어 하r드 쉘.

12 07 Her stamp **collection** is amazing.
허r 스탬프 컬렉션 이즈 어메이징.

12 08 Babies totally **depend** on their parents.
베이비즈 토우를리 디펜드 온 데어r 페어뤈츠.

12 09 He **greeted** his senior in a small voice.
히 그뤼:틷 히즈 씨니어r 인 어 스멀 보이쓰.

12 10 I studied until **midnight** because of the exam.
아이 스터딛 언틸 믿나잍 비코:즈 어브 디 이그잼.

☐ donate	☐ fund	☐ sick	☐ review	☐ contract	☐ carefully
☐ stamp	☐ stack	☐ bean	☐ barn	☐ frankly	☐ admit
☐ wrong	☐ stick	☐ side by side	☐ beetle	☐ hard	☐ shell
☐ stamp	☐ collection	☐ amazing	☐ totally	☐ depend on	☐ parents
☐ greet	☐ senior	☐ study	☐ until	☐ midnight	☐ exam

12 01 He donated to a **fund** to help sick people.
그는 아픈 사람을 돕는 기금에 기부했다.

12 02 **Review** the contract carefully and stamp it.
계약서를 신중히 검토한 후 도장을 찍어라.

12 03 She stacked rice and beans in the **barn**.
그녀는 쌀과 콩을 헛간에 쌓았다.

12 04 I frankly **admitted** that I was wrong.
내가 틀렸다고 솔직하게 인정했다.

12 05 I **laid** two sticks side by side.
나는 두 막대기를 나란히 놓았다.

12 06 The **beetle** has a hard shell.
딱정벌레는 딱딱한 껍질을 가지고 있다.

12 07 Her stamp **collection** is amazing.
그녀의 우표 수집품은 놀랍다.

12 08 Babies totally **depend** on their parents.
아기들은 부모님께 전적으로 의존한다.

12 09 He **greeted** his senior in a small voice.
그는 작은 목소리로 선배에게 인사했다.

12 10 I studied until **midnight** because of the exam.
시험 때문에 나는 한밤중까지 공부했다.

☐ 기부하다	☐ 기금	☐ 아픈	☐ 검토하다	☐ 계약서	☐ 신중히
☐ 도장을 찍다	☐ 쌓다	☐ 콩	☐ 헛간	☐ 솔직하게	☐ 인정하다
☐ 틀린	☐ 막대기	☐ 나란히	☐ 딱정벌레	☐ 딱딱한	☐ 껍질
☐ 우표	☐ 수집품	☐ 놀라운	☐ 전적으로	☐ ~에 의존하다	☐ 부모님
☐ 인사하다	☐ 선배	☐ 공부하다	☐ ~할 때까지	☐ 한밤중	☐ 시험

12
11
Don't **disturb** the sleeping baby.
도운(트) 디스터:r브 더 슬리핑 베이비.

12
12
The **amount** of money I spent on English is a lot.
디 어마운트 어브 머니 아이 스펜트 온 잉글리쉬 이즈 어 랕.

12
13
It's **odd** that he refused to eat meat.
이츠 아드 댈 히 <u>뤼퓨즈(드)</u> 투 잍 미:잍.

12
14
The intruder **stunned** the guards with a stick.
디 인추로더r 스턴드 더 가즈 위드 어 스틱.

12
15
Let's **define** the exact meaning of this sentence.
레츠 디<u>파</u>인 디 이그잭(트) 미닝 어브 디쓰 쎈텐쓰.

12
16
She's in a serious **situation** in which she faced a bear.
쉬즈 인 어 씨<u>뤼</u>어쓰 시추에이션 인 위취 쉬 <u>페</u>이쓰트 어 베어r.

12
17
The accident was caused by a **loose** nail on the train.
디 액씨든트 워즈 코:즈드 바이 어 루:쓰 네일 온 더 추<u>뤠</u>인.

12
18
He put a letter in the **envelope** and sealed it.
히 풑 어 레러r 인 디 <u>엔</u>블로웊 앤(드) 씨일드 잍.

12
19
I grow radishes and cabbage in the **backyard**.
아이 그로우 <u>뤠</u>디쉬즈 앤(드) 캐비쥐 인 더 백야:r드.

12
20
This is the **perfect** place to farm.
디쓰 이즈 더 퍼:r펙트 플레이쓰 투 <u>팜</u>.

disturb	amount	spend	a lot	odd	refuse
intruder	stun	guard	stick	define	exact
meaning	sentence	serious	situation	face	bear
accident	cause	loose	nail	envelope	seal
radish	cabbage	backyard	perfect	place	farm

56

**12
11** Don't **disturb** the sleeping baby.
잠자고 있는 아기를 방해하지 마라.

**12
12** The **amount** of money I spent on English is a lot.
내가 영어에 쓴 돈의 총액은 크다.

**12
13** It's **odd** that he refused to eat meat.
그가 고기 먹는 걸 거부하다니 이상하다.

**12
14** The intruder **stunned** the guards with a stick.
침입자는 경비원을 막대기로 기절시켰다.

**12
15** Let's **define** the exact meaning of this sentence.
이 문장의 정확한 의미를 정의 내리자.

**12
16** She's in a serious **situation** in which she faced a bear.
곰과 부딪힌 그녀의 상황은 심각하다.

**12
17** The accident was caused by a **loose** nail on the train.
그 사고는 기차의 헐거운 못으로 일어났었다.

**12
18** He put a letter in the **envelope** and sealed it.
그는 봉투에 편지를 넣고 봉했다.

**12
19** I grow radishes and cabbage in the **backyard**.
나는 뒷마당에서 무와 양배추를 재배한다.

**12
20** This is the **perfect** place to farm.
이곳은 농사를 지을 완벽한 장소다.

방해하다	총액	소비하다	많은	이상한	거절하다
침입자	기절시키다	경비원	막대기	정의를 내리다	정확한
의미	문장	심각한	상황	직면하다	곰
사고	일으키다	헐거운	못	봉투	봉하다
무	양배추	뒷마당	완벽한	장소	농사를 짓다

12 21 Birth and death are the **fate** of all humans.
버r쓰 앤(드) 데쓰 아r 더 <u>페일</u> 어브 올 휴먼즈.

12 22 The leopard and rhino fell into the **rapid** water.
더 레퍼r드 앤(드) <u>롸</u>이노우 펠 인투 더 <u>뤠핀</u> 워러r.

12 23 The **mentor** gives advice on business.
더 멘토:어r 기<u>브</u>즈 어드<u>바</u>이쓰 온 비즈니쓰.

12 24 This is not a **profession**, but a hobby for him.
디쓰 이즈 낱 어 <u>프러페</u>션, 벝 어 하비 <u>포</u>r 힘.

12 25 The graduating students said **farewell** to their teacher.
더 그<u>뤠</u>주에이링 스튜든츠 쎋 <u>페어</u>r웰 투 데어r 티:처r.

12 26 This magazine has been issued up to 100 **editions**.
디쓰 메거진 해즈 빈 이슈드 엎 투 원 헌<u>주뤠</u>ㄹ 이디션즈.

12 27 The excavator dug up a **tunnel** under the river.
디 엑쓰커<u>베</u>이러r 덕 엎 어 터늘 언더r 더 <u>뤼</u>버r.

12 28 The industrial **revolution** happened in England.
디 인더스추<u>뤼</u>얼 <u>뤠벌</u>루:션 해쁜드 인 잉글랜드.

12 29 War **sacrifices** innocent people.
우워r 쌔크<u>뤄</u>파이씨즈 이노쎈(트) 피쁠.

12 30 She climbed the mountain **nearly** every day.
쉬 클라임(드) 더 마운트 니얼r리 에<u>브</u>뤼 데이.

birth	death	fate	human	leopard	rhino
rapid	mentor	advice	business	profession	hobby
graduate	farewell	magazine	issue	up to	edition
excavator	tunnel	industrial	revolution	happen	England
war	sacrifice	innocent	climb	mountain	nearly

12 21 <u>Birth</u> and <u>death</u> <u>are</u> <u>the</u> **fate** of all <u>humans</u>.
출생과 죽음은 모든 인간의 운명이다.

12 22 The <u>leopard</u> and <u>rhino</u> <u>fell</u> into the **rapid** water.
빠른 물살에 표범과 코뿔소가 빠졌다.

12 23 The **mentor** gives <u>advice</u> on business.
조언자는 사업에 대해서 충고를 해준다.

12 24 This is not a **profession**, but a <u>hobby</u> for him.
그에게 이건 직업이 아닌 취미다.

12 25 The <u>graduating students</u> said **farewell** to their teacher.
졸업생들이 선생님에게 작별인사를 했다.

12 26 This <u>magazine</u> has been issued up to 100 **editions**.
이 잡지는 100호까지 발행되었다.

12 27 The <u>excavator</u> dug up a **tunnel** under the river.
굴착기가 강 밑으로 굴을 팠다.

12 28 The industrial **revolution** happened in England.
산업 혁명이 영국에서 일어났다.

12 29 War **sacrifices** innocent people.
전쟁은 죄없는 사람들을 희생시킨다.

12 30 She <u>climbed</u> the mountain **nearly** every day.
그녀는 거의 매일 산에 올라갔다.

출생	죽음	운명	인간	표범	코뿔소
빠른	조언자	충고	사업	직업	취미
졸업하다	작별인사	잡지	발행하다	~까지	호
굴착기	굴	산업의	혁명	일어나다	영국
전쟁	희생시키다	죄 없는	기어오르다	산	거의

12 31
The **messenger** delivered the king's command.
더 메씬줘r 들리버r(드) 더 킹즈 커맨드.

12 32
I took pictures in a fixed **position**.
아이 툭 픽춰r즈 인 어 픽쓰트 퍼지션.

12 33
The living room is full of **rubbish** after the party.
더 리빙 루:움 이즈 풀 어브 뤄비쉬 애프터r 더 파r디.

12 34
He wrote the point at the **margin** of the textbook.
히 로웉 더 포인트 앹 더 마:r쥔 어브 더 텍스트북.

12 35
When water boils, hurry to open the **lid** of the pot.
웬 워러r 보일즈, 허뤼 투 오우쁜 더 맅 어브 더 팥.

12 36
He had eye surgery for his bad **eyesight**.
히 핻 아이 써r줘뤼 포r 히즈 배드 아이싸잍.

12 37
The cat is trying his best to **chase** the mice.
더 캩 이즈 추롸잉 히즈 베슽 투 췌이스 더 마이쓰.

12 38
He uses **standard** language instead of dialect.
히 유지즈 스탠더r드 랭그위쥐 인스떼드 어브 다이얼렉트.

12 39
I **owed** my success to my parent's sacrifice.
아이 오우드 마이 썩쎄쓰 투 마이 페어뤈츠 쌔크뤄파이쓰.

12 40
Astronauts **explore** the universe.
애스추뤄너츠 익쓰플로어r 더 유니버r쓰.

messenger	deliver	king	command	take a picture	fix
position	be full of	rubbish	point	margin	textbook
boil	hurry to~	lid	pot	surgery	eyesight
chase	mice	standard	language	instead of	dialect
owe	success	sacrifice	astronaut	explore	universe

12 31 The **messenger** delivered the king's command.
심부름꾼은 왕의 명령을 전달했다.

12 32 I took pictures in a fixed **position**.
나는 고정된 위치에서 사진을 찍었다.

12 33 The living room is full of **rubbish** after the party.
파티 후에 거실이 쓰레기로 가득하다.

12 34 He wrote the point at the **margin** of the textbook.
그는 교과서의 여백에 요점을 적었다.

12 35 When water boils, hurry to open the **lid** of the pot.
물이 끓으면, 빨리 냄비의 뚜껑을 열어라.

12 36 He had eye surgery for his bad **eyesight**.
그는 시력이 나빠서 눈 수술을 했다.

12 37 The cat is trying his best to **chase** the mice.
고양이가 쥐들을 열심히 추적하고 있다.

12 38 He uses **standard** language instead of dialect.
그는 사투리 대신에 표준 언어를 쓴다.

12 39 I **owed** my success to my parent's sacrifice.
나는 부모님의 희생에 성공을 빚졌다.

12 40 Astronauts **explore** the universe.
우주비행사들이 우주를 탐험한다.

심부름꾼	전달하다	왕	명령	사진을 찍다	고정시키다
위치	~로 가득하다	쓰레기	요점	여백	교과서
끓이다	서둘러 ~하다	뚜껑	냄비	수술	시력
추적하다	쥐들	표준	언어	~대신에	사투리
빚지다	성공	희생	우주비행사	탐험하다	우주

**12
41**
The chemists have **developed** a new material.
더 케미스츠 해브 디벨럾트 어 뉴 머티뤼얼.

**12
42**
She **spread** a mat on the grass.
쉬 스프뤠 어 맽 온 더 그뤠쓰.

**12
43**
He **rescued** the drowning man.
히 뤠스큐(드) 더 주롸우닝 맨.

**12
44**
It is a great **venture** to start a business.
잍 이즈 어 그뤠잍 벤춰r 투 스타r트 어 비즈니쓰.

**12
45**
White dogs are pulling the heavy **sled**.
와잍 독즈 아r 풀링 더 헤비 슬렏.

**12
46**
The **earning** of the company has risen sharply.
디 어:r닝 어브 더 컴뻐니 해즈 뤼즌 샤r플리.

**12
47**
Murphy's law is a **well-known** theory.
머r피쓰 로: 이즈 어 웰-노운 띠어뤼.

**12
48**
A small **stream** is flowing under the bridge.
어 스멀 스추륌 이즈 플로윙 언더r 더 브뤼쥐.

**12
49**
Eating rice cake soup on New Year's day is a **tradition**.
이링 롸이쓰 케익 쑤웊 온 뉴 이어r즈 데이 이즈 어 추뤄디션.

**12
50**
The children walked on the sand in **bare** feet.
더 췰드뤈 웤트 온 더 쌘드 인 베어r 핕.

chemist	develop	material	spread	mat	grass
rescue	drown	venture	business	white	pull
heavy	sled	earning	company	rise	sharply
law	well-known	theory	stream	flow	bridge
rice cake	New Year	tradition	sand	bare	foot

12 41 The chemists have **developed** a new material.
화학자들이 새 물질을 개발했다.

12 42 She **spread** a mat on the grass.
그녀는 잔디 위에 매트를 폈다.

12 43 He **rescued** the drowning man.
그는 물에 빠져 죽는 사람을 구조했다.

12 44 It is a great **venture** to start a business.
사업을 시작하는 것은 대단한 모험이다.

12 45 White dogs are pulling the heavy **sled**.
하얀 개들이 무거운 썰매를 끌고 있다.

12 46 The **earning** of the company has risen sharply.
그 회사의 소득이 급격히 증가했다.

12 47 Murphy's law is a **well-known** theory.
머피의 법칙은 유명한 이론이다.

12 48 A small **stream** is flowing under the bridge.
작은 개울이 다리 밑으로 흐르고 있다.

12 49 Eating rice cake soup on New Year's day is a **tradition**.
설날에 떡국을 먹는 것은 전통이다.

12 50 The children walked on the sand in **bare** feet.
아이들이 벗은 발로 모래 위를 걸었다.

화학자	개발하다	물질	펴다	매트	잔디
구조하다	물에 빠져 죽다	모험	사업	하얀	끌다
무거운	썰매	소득	회사	증가하다	급격히
법	유명한	이론	개울	흐르다	다리
떡	새해	전통	모래	벗은	발

**12
51** A **squirrel** hid the acorn in a tree hole.
어 스쿠워:r뤌 힏 디 에이콘 인 어 추뤼 호울.

**12
52** The policeman **scanned** the room as soon as he came in.
더 펄:리쓰맨 스캔(드) 더 루:움 애즈 쑨 애즈 히 케임 인.

**12
53** His invention of the bulb will be remembered **forever**.
히즈 인벤션 어브 더 벌브 윌 비 뤼멤버r드 포:뤠버r.

**12
54** She prepared the climbing **equipment**.
쉬 프뤼페어r(드) 더 클라이밍 이쿠잎멘트.

**12
55** He guessed the riddle **correctly**.
히 게쓰(트) 더 뤼들 커뤡틀리.

**12
56** The typhoon destroyed the houses on the **coast**.
더 타이푼 디쓰추로잍 더 하우지즈 온 더 코우스트.

**12
57** The old man watched the sunset from an **armchair**.
디 오울드 맨 왓취트 더 썬쎘 프룀 언 암췌어r.

**12
58** Parents always feel **anxiety** for their children.
페어뤈츠 올웨이즈 필 앵자이어디 포r 데어r 췰드뤈.

**12
59** They swam in the **outdoor** swimming pool.
데이 스왬 인 디 아울도:어r 스위밍 풀.

**12
60** A deer grows up eating the **dew** on grass.
어 디어r 그로우즈 엎 이링 더 듀: 온 그뤠쓰.

squirrel	acorn	hole	policeman	scan	as soon as
invention	bulb	remember	forever	prepare	equipment
guess	riddle	correctly	typhoon	destroy	coast
old	sunset	armchair	always	anxiety	swim
outdoor	pool	deer	grow up	dew	grass

**12
51** A **squirrel** hid the acorn in a tree hole.
다람쥐가 도토리를 나무구멍에 숨겼다.

**12
52** The policeman **scanned** the room as soon as he came in.
경찰관은 들어오자마자 방을 살폈다.

**12
53** His invention of the bulb will be remembered **forever**.
그의 전구 발명은 영원히 기억될 것이다.

**12
54** She prepared the climbing **equipment**.
그녀는 등산 장비를 준비했다.

**12
55** He guessed the riddle **correctly**.
그는 수수께끼를 정확하게 추측했다.

**12
56** The typhoon destroyed the houses on the **coast**.
태풍은 해안에 있던 집들을 파괴했다.

**12
57** The old man watched the sunset from an **armchair**.
노인은 안락의자에서 일몰을 구경했다.

**12
58** Parents always feel **anxiety** for their children.
부모님은 언제나 자식들 걱정뿐이다.

**12
59** They swam in the **outdoor** swimming pool.
그들은 옥외의 수영장에서 수영했다.

**12
60** A deer grows up eating the **dew** on grass.
사슴은 풀잎 위의 이슬을 먹고 자란다.

다람쥐	도토리	구멍	경찰관	살피다	~하자마자
발명	전구	기억하다	영원히	준비하다	장비
추측하다	수수께끼	정확하게	태풍	파괴하다	해안
나이 든	일몰	안락의자	항상	걱정	수영하다
옥외의	수영장	사슴	자라다	이슬	풀

12 61
As you know, Christmas is in **December**.
애즈 유 노우, 크뤼스마스 이즈 인 디쎔버r.

12 62
He entered the password to **unlock** the door.
히 엔터r(드) 더 패쓰워r(드) 투 언락 더 도어r.

12 63
She believes in heaven and **hell**.
쉬 블리브즈 인 헤븐 앤(드) 헬.

12 64
She is a **housewife** with children.
쉬 이즈 어 하우쓰와이프 위드 췰드뤈.

12 65
The wound still **remains** on his face.
더 워운드 스틸 뤼메인즈 온 히즈 페이쓰.

12 66
There are a lot of historic sites to **sightsee** in this area.
데어r 아r 어 랕 어브 히스토뤽 싸이츠 투 싸잍씨: 인 디쓰 에어뤼아.

12 67
I **clapped** my hands to the beat of the song.
아이 클랲트 마이 핸즈 투 더 비:트 어브 더 쏭.

12 68
Casual clothes are most comfortable when playing.
캐주얼 클로우즈 아r 모우슽 컴프터블 웬 플레잉.

12 69
Thanks to her, it was a **pleasant** evening.
땡쓰 투 허r, 잍 워즈 어 플레즌트 이브닝.

12 70
The enemy surrendered against the strong military **force**.
디 에너미 써뤤더r드 어겐스(트) 더 스추롱 밀리테뤼 포:r쓰.

as you know	December	enter	password	unlock	believe
heaven	hell	housewife	wound	still	remain
a lot of	historic	site	sightsee	this area	clap
beat	casual	clothes	comfortable	play	thanks to
pleasant	enemy	surrender	against	military	force

12 61 As you know, Christmas is in **December**.
알다시피 12월에 크리스마스가 있다.

12 62 He entered the password to **unlock** the door.
그는 비밀번호를 입력해서 문을 열었다.

12 63 She believes in heaven and **hell**.
그녀는 천국과 지옥이 있다고 믿는다.

12 64 She is a **housewife** with children.
그녀는 아이들이 있는 주부다.

12 65 The wound still **remains** on his face.
그의 얼굴엔 아직도 상처가 남았다.

12 66 There are a lot of historic sites to **sightsee** in this area.
이 지역에는 구경할 역사적 장소가 많다.

12 67 I **clapped** my hands to the beat of the song.
나는 노래의 박자에 맞춰서 손을 박수쳤다.

12 68 **Casual** clothes are most comfortable when playing.
평상시의 옷이 놀 때는 가장 편하다.

12 69 Thanks to her, it was a **pleasant** evening.
그녀 덕분에 즐거운 저녁이었다.

12 70 The enemy surrendered against the strong military **force**.
적은 강한 군대의 힘 앞에 항복했다.

☐ 알다시피	☐ 12월	☐ 입력하다	☐ 비밀번호	☐ 열다	☐ 믿다
☐ 천국	☐ 지옥	☐ 주부	☐ 상처	☐ 아직	☐ 남아있다
☐ 많은	☐ 역사적인	☐ 장소	☐ 구경하다	☐ 이 지역	☐ 박수 치다
☐ 박자	☐ 평상시의	☐ 옷	☐ 편안한	☐ 놀다	☐ ~덕분에
☐ 즐거운	☐ 적	☐ 항복하다	☐ ~와 경쟁하여	☐ 군대의	☐ 힘

12 71 The bank set up the **sculpture** of an angel.
더 뱅크 셑 엎 더 스컬춰r 어브 언 에인줼.

12 72 Her retirement announcement is a **shock** to everyone.
허r 뤼타이어r멘트 어나운쓰멘트 이즈 어 샥 투 에브뤼원.

12 73 It was **unlucky** that he missed the last bus.
잍 워즈 언러키 댈 히 미쓸 더 라슽 버쓰.

12 74 There was a **rumor** that he would be promoted soon.
데어r 워즈 어 루:머r 댈 히 우드 비 프러모우릳 쑤:운.

12 75 Don't **frown** anymore and smile broadly.
도운(트) 프롸운 에니모어r 앤(드) 스마일 브롸들리.

12 76 This dress **fits** my slender body.
디쓰 주뤠쓰 피츠 마이 쓸렌더r 바디.

12 77 She tied the dog to the **pole** for a while.
쉬 타읻 더 도그 투 더 포울 포r 어 와일.

12 78 Food eventually becomes your bones and **flesh**.
푸드 이벤추얼리 비컴즈 유어r 보운즈 앤드 플레쉬.

12 79 **These** are farewell gifts from my friends.
디:즈 아r 페어r웰 기프츠 프뤔 마이 프뤤즈.

12 80 A herd of buffalos is grazing in the **meadow**.
어 허r드 어브 버팔로우즈 이즈 그뤠이징 인 더 메도우.

☐ set up	☐ sculpture	☐ angel	☐ retirement	☐ announcement	☐ shock
☐ everyone	☐ unlucky	☐ miss	☐ last bus	☐ rumor	☐ promote
☐ soon	☐ frown	☐ not anymore	☐ broadly	☐ fit	☐ slender
☐ tie	☐ pole	☐ for a while	☐ eventually	☐ become	☐ bone
☐ flesh	☐ farewell	☐ a herd of	☐ buffalo	☐ graze	☐ meadow

12 71 The bank set up the **sculpture** of an angel.
그 은행은 천사 조각품을 설치했다.

12 72 Her retirement announcement is a **shock** to everyone.
그녀의 은퇴 발표는 모든 사람에게 충격이다.

12 73 It was **unlucky** that he missed the last bus.
그가 막차를 놓친 것은 운이 없었다.

12 74 There was a **rumor** that he would be promoted soon.
그가 곧 승진한다는 소문이 있었다.

12 75 Don't **frown** anymore and smile broadly.
더 이상 찡그리지 말고 활짝 웃으세요.

12 76 This dress **fits** my slender body.
이 옷은 나의 날씬한 몸매에 딱 맞는다.

12 77 She tied the dog to the **pole** for a while.
그녀는 잠시 동안 개를 기둥에 묶었다.

12 78 Food eventually becomes your bones and **flesh**.
음식이 결국은 너의 뼈와 살이 된다.

12 79 **These** are farewell gifts from my friends.
이것들은 친구들의 작별 선물이다.

12 80 A herd of buffalos is grazing in the **meadow**.
들소 떼가 목초지에서 풀을 뜯고 있다.

☐ 설치하다	☐ 조각품	☐ 천사	☐ 은퇴	☐ 발표	☐ 충격
☐ 모든 사람	☐ 운이 없는	☐ 놓치다	☐ 마지막 버스	☐ 소문	☐ 승진시키다
☐ 곧	☐ 찡그리다	☐ 더 이상 ~아니다	☐ 활짝	☐ 딱 맞다	☐ 날씬한
☐ 묶다	☐ 기둥	☐ 잠시 동안	☐ 결국은	☐ 되다	☐ 뼈
☐ 살	☐ 작별	☐ ~떼	☐ 물소	☐ 풀을 뜯다	☐ 목초지

12 81 This food is a **fusion** of Korean and Western food.
디쓰 포드 이즈 어 퓨:줜 어브 코뤼언 앤(드) 웨스턴 포드.

12 82 The **creation** of life is still a mystery.
더 크뤼에이션 어브 라이프 이즈 스틸 어 미스테뤼.

12 83 He **sincerely** wished for her happiness.
히 씬씨얼r리 위쉬트 포r 허r 해삐네쓰.

12 84 The eagle is flying to find **prey**.
디 이글 이즈 플라잉 투 파인드 프뤠이.

12 85 **Pour** milk into flour and mix well.
포:어r 밀크 인투 플라워r 앤(드) 믹쓰 웰.

12 86 We eat beef, **pork** and chicken.
위 잍 비프, 포:r크 앤(드) 취킨.

12 87 I judged the situation with **limited** information.
아이 쥘쥗 더 시추에이션 위드 리미티드 인퍼r메이션.

12 88 Our apartment adopted a district **heating** system.
아워r 어파r트멘트 어닯틷 어 디스추뤽트 히:링 씨스텀.

12 89 The wagon just passed the **gateway**.
더 웨건 쥐슽 패쓰(트) 더 게읽웨이.

12 90 He has difficulty in **selection**.
히 해즈 디피컬티 인 셀렉션.

fusion	Korean	Western	creation	still	mystery
sincerely	wish	happiness	eagle	prey	pour
flour	mix	well	beef	pork	chicken
judge	situation	limit	information	adopt	district
heating	wagon	pass	gateway	difficulty	selection

12 81 This food is a **fusion** of Korean and Western food.
이 음식은 한식과 양식의 융합이다.

12 82 The **creation** of life is still a mystery.
생명의 창조는 여전히 수수께끼다.

12 83 He **sincerely** wished for her happiness.
그는 진심으로 그녀의 행복을 빌었다.

12 84 The eagle is flying to find **prey**.
독수리가 먹이를 찾으려고 날고 있다.

12 85 **Pour** milk into flour and mix well.
밀가루에 우유를 따르고 잘 섞어라.

12 86 We eat beef, **pork** and chicken.
우리는 소고기, 돼지고기, 닭고기를 먹는다.

12 87 I judged the situation with **limited** information.
나는 제한된 된 정보로 상황을 판단했다.

12 88 Our apartment adopted a district **heating** system.
우리 아파트는 지역 난방 시스템을 채택했다.

12 89 The wagon just passed the **gateway**.
마차가 방금 전 대문을 지나갔다.

12 90 He has difficulty in **selection**.
그는 선택의 어려움을 겪고 있다.

융합	한국의	서양의	창조	여전히	수수께끼
진심으로	빌다	행복	독수리	먹이	따르다
밀가루	섞다	잘	소고기	돼지고기	닭고기
판단하다	상황	제한하다	정보	채택하다	지역
난방	마차	지나가다	대문	어려움	선택

12 91 She picked a **pearl** necklace instead of a gold one.
쉬 픽트 어 펄: 네클레쓰 인스테드 어브 어 고울드 원.

12 92 I **limped** because I hurt my leg while playing soccer.
아이 림트 비코:즈 아이 허r트 마이 레그 와일 플레잉 싸커r.

12 93 The crew and captain are working on the **deck**.
더 크루 앤(드) 캪튼 아r 워r킹 온 더 덱.

12 94 There was a strong **earthquake** in Japan.
데어r 워즈 어 스추롱 어:r쓰퀘윜 인 줴펜.

12 95 He asked for a refund in an angry **tone**.
히 애슥트 포r 어 뤼펀드 인 언 앵그뤼 토운.

12 96 She walked on the gravel with her **naked** feet.
쉬 월트 온 더 그뤠이블 위드 허r 네이킫 핕.

12 97 He studied frogs in **biology** class.
히 스터딛 프롶즈 인 바이알러쥐 클래쓰.

12 98 God will **bless** you for your generosity.
갇 윌 블레쓰 유 포r 유어r 줴너롸써디.

12 99 Her house is **distant** from my house.
허r 하우쓰 이즈 디쓰턴트 프뤔 마이 하우쓰.

13 00 I **sowed** lettuce seeds all over the garden.
아이 쏘우드 레터쓰 씨즈 올 오우버r 더 가r든.

pick	pearl	necklace	instead of	limp	while
soccer	crew	captain	work	deck	earthquake
Japan	ask for	refund	angry	tone	gravel
naked	study	biology	God	bless	generosity
distant	sow	lettuce	seed	all over	garden

12 91
She picked a **pearl** necklace instead of a gold one.
그녀는 금 대신에 진주 목걸이를 골랐다.

12 92
I **limped** because I hurt my leg while playing soccer.
나는 축구하는 동안 다리를 다쳐서 절룩거렸다.

12 93
The crew and captain are working on the **deck**.
선원과 선장이 갑판에서 일하고 있다.

12 94
There was a strong **earthquake** in Japan.
일본에서 강력한 지진이 발생했다.

12 95
He asked for a refund in an angry **tone**.
그는 화난 말투로 환불을 요구했다.

12 96
She walked on the gravel with her **naked** feet.
그녀는 벌거벗은 발로 자갈 위를 걸었다.

12 97
He studied frogs in **biology** class.
그는 생물학 시간에 개구리를 연구했다.

12 98
God will **bless** you for your generosity.
신은 너의 관대함에 대해 축복할 것이다.

12 99
Her house is **distant** from my house.
그녀의 집은 우리 집으로부터 거리가 멀다.

13 00
I **sowed** lettuce seeds all over the garden.
나는 상추씨를 정원 곳곳에 뿌렸다.

고르다	진주	목걸이	~대신에	절룩거리다	~하는 동안
축구	선원	선장	일하다	갑판	지진
일본	요구하다	환불	화난	말투	자갈
벌거벗은	연구하다	생물학	신	축복하다	관대함
거리가 먼	뿌리다	상추	씨앗	곳곳에	정원

13 01 The baseball team trained for **triumph**.
더 베이쓰볼 티:임 추뤠인드 포r 추롸이엄프.

13 12 She has both a ring and a **bracelet**.
쉬 해즈 보우쓰 어 륑 앤(드) 어 브뤠이슬릳.

13 03 Korea's **economy** is deeply related to export.
코뤼아즈 이카너미 이즈 디플리 륄레이릳 투 엑쓰포r 트.

13 04 The angle of this triangle is 60 **degrees**.
디 앵글 어브 디쓰 추롸이앵글 이즈 씩스디 디그뤼:즈.

13 05 Her first speech was very **impressive**.
허r 퍼r스트 스삐취 워즈 베뤼 임프뤠씨브.

13 06 This road is so **stony** that it is hard to walk on.
디쓰 로우드 이즈 쏘우 스토우니 댙 읻 이즈 하r(드) 투 워크 온.

13 07 I subscribed to a **weekly** magazine for common sense.
아이 썹스크롸이븐 투 어 위:클리 메거진 포r 커먼 쎈쓰.

13 08 She cried when she heard the **tragic** story.
쉬 크롸이드 웬 쉬 허r(드) 더 추뤠쥑 스토뤼.

13 09 He was extremely **joyful** to win the ping pong game.
히 워즈 익쓰추륌리 조이플 투 윈 더 핑 퐁 게임.

13 10 It is really **painful** if you get stung by a swarm of bees.
읻 이즈 뤼을리 페인플 이프 유 겥 스텅 바이 어 스왐 어브 비즈.

baseball	train	triumph	both	ring	bracelet
economy	deeply	be related to	export	angle	triangle
degree	speech	impressive	stony	hard	subscribe
weekly	magazine	**common**	sense	tragic	extremely
joyful	ping pong	painful	sting	a swarm of	bee

13 01 The baseball team trained for **triumph**.
야구팀은 승리를 위해 훈련했다.

13 12 She has both a ring and a **bracelet**.
그녀는 반지와 팔찌 둘 다 가졌다.

13 03 Korea's **economy** is deeply related to export.
한국의 경제는 수출과 깊이 관련이 되었다.

13 04 The angle of this triangle is 60 **degrees**.
이 삼각형의 각도는 60도다.

13 05 Her first speech was very **impressive**.
그녀의 첫 연설은 매우 인상적이었다.

13 06 This road is so **stony** that it is hard to walk on.
이 길은 너무 돌이 많아서 걷기가 힘들다.

13 07 I subscribed to a **weekly** magazine for common sense.
난 상식을 위해 주간 잡지를 구독한다.

13 08 She cried when she heard the **tragic** story.
그녀는 비극적인 이야기를 듣고 울었다.

13 09 He was extremely **joyful** to win the ping pong game.
그는 탁구 시합을 이겨서 극도로 기뻤다.

13 10 It is really **painful** if you get stung by a swarm of bees.
벌 떼에 쏘이면 정말 아프다.

야구	훈련하다	승리	둘 다	반지	팔찌
경제	깊이	~와 관계가 있다	수출	각도	삼각형
~도	연설	인상적인	돌이 많은	힘든	구독하다
매주의	잡지	보통의	의식	비극적인	극도로
기쁜	탁구	아픈	찌르다	~떼	벌

13 11 He was punished for his **frequent** lateness.
히 워즈 퍼니쉬트 포r 히즈 프뤼쿠엔(트) 레잍네쓰.

13 12 He immediately **responded** to her request.
히 이미디어틀리 뤼스판딛 투 허r 뤼쿠에스트.

13 13 The boss signed a **site** contract for the factory.
더 보:쓰 싸인드 어 싸잍 컨추뤸트 포r 더 팩토뤼.

13 14 Never squeeze **pimples** with your hands.
네버r 스쿠위즈 핌플즈 위드 유어r 핸즈.

13 15 We went into the cave with a **torch**.
위 웬(트) 인투 더 케이브 위드 어 토:r취.

13 16 How much is a **dozen** of pencils?
하우 머취 이즈 어 더즌 어브 펜쓸즈?

13 17 They're **quarrelling** over a minor problem.
데어r 쿠워:뤌링 오우버r 어 마이너r 프롸블럼.

13 18 She **searched** for the ring in the drawer.
쉬 써:r취트 포r 더 륑 인 더 주로워r.

13 19 She planted trees along the **roadside**.
쉬 플랜틷 추뤼즈 얼롱 더 로우드싸이드.

13 20 The men usually went to the **barbershop**.
더 멘 유즈을리 웬(트) 투 더 바:r버r샵.

punish	frequent	lateness	immediately	respond	request
sign	site	contract	factory	never	squeeze
pimple	cave	torch	how much?	dozen	pencil
quarrel	over	minor	problem	search	ring
drawer	plant	along	roadside	usually	barbershop

**13
11** He was punished for his **frequent** lateness.
빈번한 지각 때문에 그는 벌 받았다.

**13
12** He immediately **responded** to her request.
그는 그녀의 요청에 즉시 응답했다.

**13
13** The boss signed a **site** contract for the factory.
사장은 공장을 위한 용지 계약에 서명했다.

**13
14** Never squeeze **pimples** with your hands.
절대로 손으로 여드름을 짜지 마라.

**13
15** We went into the cave with a **torch**.
우리는 햇불을 들고 동굴로 들어갔다.

**13
16** How much is a **dozen** of pencils?
연필 한 묶음인 12개는 얼마인가요?

**13
17** They're **quarrelling** over a minor problem.
그들은 사소한 문제 때문에 싸우고 있다.

**13
18** She **searched** for the ring in the drawer.
그녀는 서랍에서 반지를 찾았다.

**13
19** She planted trees along the **roadside**.
그녀는 길가를 따라서 나무를 심었다.

**13
20** The men usually went to the **barbershop**.
남자들은 대개 이발소로 갔다.

벌주다	빈번한	지각	즉시	응답하다	요청
서명하다	용지	계약	공장	절대 ~하지마라	짜다
여드름	동굴	햇불	얼마 ~?	12개 한 묶음	연필
싸우다	~때문에	사소한	문제	찾다	반지
서랍	심다	~따라서	길가	대개	이발소

13 21
The subway line is somewhat **confusing**.
더 써브웨이 라인 이즈 썸왙 컨퓨:징.

13 22
He observed Venus with a **telescope**.
히 압저r브드 비너쓰 위드 어 텔러스코웊.

13 23
We rode a sled on the **frozen** river.
위 로우드 어 슬렏 온 더 프로우즌 뤼버r.

13 24
There's a male entertainer who resembles a **grasshopper**.
데어즈 어 메일 엔터r테이너r 후 뤼젬블즈 어 그뤠쓰하뻐r.

13 25
Flood is the cause of bad **harvest** of the year.
플러드 이즈 더 코:즈 어브 배드 하:r베스트 어브 더 이어r.

13 26
He took pride as a street **cleaner**.
히 툭 프롸이드 애즈 어 스추륕 클리너r.

13 27
I like this house because it's in the **southern** direction.
아이 라잌 디쓰 하우쓰 비코:즈 이츠 인 더 써던 디뤡션.

13 28
The **vehicle** on which the students were riding was broken.
더 비:히클 온 위취 더 스튜든츠 워r 롸이딩 워즈 브로우큰.

13 29
This blue flower has an **unusual** smell.
디쓰 블루 플라워r 해즈 언 언유:즈얼 스멜.

13 30
She closed her eyes in a scary **scene**.
쉬 클로우즈드 허r 아이즈 인 어 스케어뤼 씬:.

---

subway	line	somewhat	confusing	observe	Venus
telescope	sled	frozen	river	male	entertainer
resemble	grasshopper	flood	cause	harvest	pride
street	cleaner	southern	direction	vehicle	ride
broken	unusual	smell	close	scary	scene

13
21
The subway line is somewhat **confusing**.
지하철 노선도가 다소 혼란스럽다.

13
22
He observed Venus with a **telescope**.
그는 망원경으로 금성을 관찰했다.

13
23
We rode a sled on the **frozen** river.
우리는 얼은 강 위해서 썰매를 탔다.

13
24
There's a male entertainer who resembles a **grasshopper**.
메뚜기를 닮은 남자 연예인이 있다.

13
25
Flood is the cause of bad **harvest** of the year.
홍수가 올해의 나쁜 수확의 원인이다.

13
26
He took pride as a street **cleaner**.
그는 거리 청소부로서 자부심을 지녔다.

13
27
I like this house because it's in the **southern** direction.
이 집은 남쪽의 방향이라서 좋다.

13
28
The **vehicle** on which the students were riding was broken.
학생들이 타고 있던 차량이 고장 났다.

13
29
This blue flower has an **unusual** smell.
이 파란 꽃에서 특이한 향기가 난다.

13
30
She closed her eyes in a scary **scene**.
그녀는 무서운 장면에서 눈을 감았다.

☐ 지하철	☐ 선	☐ 다소	☐ 혼란스러운	☐ 관찰하다	☐ 금성
☐ 망원경	☐ 썰매	☐ 얼은	☐ 강	☐ 남자	☐ 연예인
☐ 닮다	☐ 메뚜기	☐ 홍수	☐ 원인	☐ 수확	☐ 자부심
☐ 거리	☐ 청소부	☐ 남쪽의	☐ 방향	☐ 차량	☐ 타다
☐ 고장난	☐ 특이한	☐ 냄새	☐ 감다	☐ 무서운	☐ 장면

13 31
He is **greedy** about money and food.
히 이즈 그뤼:디 어바울 머니 앤(드) 푸드.

13 32
I showed **mercy** to the hungry beggar.
아이 쑈우(드) 머:r씨 투 더 헝그뤼 베거r.

13 33
He was **aware** that something was wrong.
히 워즈 어웨어r 댙 썸띵 워즈 롱.

13 34
This machine has a lot of useful **functions**.
디쓰 머쉰 해즈 어 랕 어브 유스플 펑션즈.

13 35
The fast leopard is a **skillful** hunter.
더 패스트 레퍼r드 이즈 어 스킬플 헌터r.

13 36
The brick house is stronger than the **wooden** house.
더 브뤽 하우쓰 이즈 스추롱거r 댄 더 우든 하우쓰.

13 37
She had a **romantic** meal with him.
쉬 핻 어 로우맨틱 밀 위드 힘.

13 38
The shell of the snail has a **spiral** shape.
더 쉘 어브 더 스네일 해즈 어 스파이뤌 쉐잎.

13 39
Submit the **membership** application by today.
써브밑 더 멤버r쉽 애플리케이션 바이 투데이.

13 40
The **secondary** danger of the bomb is dust.
더 쎄컨데뤼 데인줘r 어브 더 밤 이즈 더스트.

greedy	show	mercy	hungry	beggar	aware
something	wrong	machine	useful	function	leopard
skillful	hunter	brick	wooden	romantic	meal
shell	snail	spiral	shape	submit	membership
application	by today	secondary	danger	bomb	dust

13 31 He is **greedy** about money and food.
그는 돈과 음식에 대해서 욕심이 많다.

13 32 I showed **mercy** to the hungry beggar.
나는 배고픈 거지에게 자비를 보여주었다.

13 33 He was **aware** that something was wrong.
그는 무언가 잘못된 것을 알았다.

13 34 This machine has a lot of useful **functions**.
이 기계는 유용한 기능이 많다.

13 35 The fast leopard is a **skillful** hunter.
빠른 표범은 솜씨 좋은 사냥꾼이다.

13 36 The brick house is stronger than the **wooden** house.
벽돌집이 나무로 된 집보다 더 튼튼하다.

13 37 She had a **romantic** meal with him.
그녀는 그와 낭만적인 식사를 했다.

13 38 The shell of the snail has a **spiral** shape.
달팽이의 껍질은 나선형의 모양이다.

13 39 Submit the **membership** application by today.
오늘까지 회원 신청서를 제출해라.

13 40 The **secondary** danger of the bomb is dust.
그 폭탄의 2차 적인 위험은 먼지다.

욕심이 많은	보여주다	자비	배고픈	거지	알고 있는
무언가	잘못된	기계	유용한	기능	표범
솜씨 좋은	사냥꾼	벽돌	나무로 된	낭만적인	식사
껍질	달팽이	나선형의	모양	제출하다	회원
신청서	오늘까지	2차 적인	위험	폭탄	먼지

13 41 The company transports goods by **railroad**.
더 컴뻐니 추뤤스포r츠 굳즈 바이 뤠일로우드.

13 42 Pour the **mixture** of water and milk into flour.
포어r 더 믹스춰r 어브 워러r 앤(드) 밀크 인투 플라워r.

13 43 There are no exceptions to school **rules**.
데어r 아 노우 익쎕션즈 투 스쿨 룰:즈.

13 44 The vet thought the snake was already **dead**.
더 벹 또:트 더 스네이크 워즈 얼뤠디 데드.

13 45 Love in reality is more romantic than in **fiction**.
러브 인 뤼알러디 이즈 모어r 로우맨틱 댄 인 픽션.

13 46 He **boasted** about his success all day long.
히 보우스틷 어바웉 히즈 썩쎄쓰 올 데이 롱.

13 47 His **fame** as a scientist has become widespread.
히즈 페임 애즈 어 싸이언티스트 해즈 비컴 와이드스프뤠드.

13 48 She has the **ambition** to become a minister.
쉬 해즈 디 앰비션 투 비컴 어 미니스터r.

13 49 Will you get the product's **catalog?**
윌 유 겥 더 프롸덕츠 캐덜로:그?

13 50 He works in the accounting **department**.
히 월r쓰 인 디 어카운팅 디파:r(트)멘트.

☐ transport	☐ goods	☐ railroad	☐ pour	☐ mixture	☐ flour
☐ exception	☐ rule	☐ vet	☐ snake	☐ already	☐ dead
☐ reality	☐ more than	☐ romantic	☐ fiction	☐ boast	☐ success
☐ all day long	☐ fame	☐ scientist	☐ widespread	☐ ambition	☐ become
☐ minister	☐ get	☐ product	☐ catalog	☐ accounting	☐ department

**13
41** The company transports goods by **railroad**.
그 회사는 철도로 상품을 수송한다.

**13
42** Pour the **mixture** of water and milk into flour.
물과 우유의 혼합물을 밀가루에 부어라.

**13
43** There are no exceptions to school **rules**.
학교 규칙에는 예외가 없다.

**13
44** The vet thought the snake was already **dead**.
수의사는 뱀이 이미 죽었다고 생각했다.

**13
45** Love in reality is more romantic than in **fiction**.
현실의 사랑이 허구보다 낭만적이다.

**13
46** He **boasted** about his success all day long.
그는 자신의 성공을 하루 종일 자랑했다.

**13
47** His **fame** as a scientist has become widespread.
과학자로서의 그의 명성은 널리 퍼졌다.

**13
48** She has the **ambition** to become a minister.
그녀는 장관이 되겠다는 야망이 있다.

**13
49** Will you get the product's **catalog?**
제품 목록을 받으실 건가요?

**13
50** He works in the accounting **department**.
그는 경리 부서에서 일한다.

☐ 수송하다	☐ 상품	☐ 철도	☐ 붓다	☐ 혼합물	☐ 밀가루
☐ 예외	☐ 규칙	☐ 수의사	☐ 뱀	☐ 이미	☐ 죽은
☐ 현실	☐ ~보다 더	☐ 낭만적인	☐ 허구	☐ 자랑하다	☐ 성공
☐ 하루 종일	☐ 명성	☐ 과학자	☐ 널리 퍼진	☐ 야망	☐ 되다
☐ 장관	☐ 받다	☐ 제품	☐ 목록	☐ 회계	☐ 부서

13 51 He **wiped** the floor clean with a mop.
히 와잎(트) 더 플로어r 클린 위드 어 맢.

13 52 The **cunning** fox deceived the foolish lion.
더 커닝 팍쓰 디씨브(드) 더 풀리쉬 라이언.

13 53 All baggage is inspected by x-**ray**.
올 배기쥐 이즈 인스펙틷 바이 엑쓰뤠이.

13 54 These shoes are as light as a bird's **feather**.
디즈 슈즈 아r 애즈 라잍 애즈 어 버r즈 페더r.

13 55 Black smoke came up through the **chimney**.
블랙 스모우크 케임 엎 쓰루 더 침니.

13 56 This is **contrary** to the result that I expected.
디쓰 이즈 칸추뤠뤼 투 더 뤼절(트) 댇 아이 엑스펙틷.

13 57 She felt **cosy** by the fireplace.
쉬 펠트 코우지 바이 더 파이어r플레이쓰.

13 58 The **banker** is skillfully counting the money.
더 뱅커r 이즈 스킬풀리 카운팅 더 머니.

13 59 The **cop** sent hand signals instead of a traffic light.
더 캎 쎈트 핸드 씨그널즈 인스테드 어브 어 추뤠픽 라잍.

13 60 If you suddenly **cough**, cover your mouth with your forearm.
이프 유 써든리 코ː프, 커버r 유어r 마우쓰 위드 유어r 포어r암.

☐ wipe	☐ floor	☐ mop	☐ cunning	☐ fox	☐ deceive
☐ foolish	☐ baggage	☐ inspect	☐ ray	☐ light	☐ feather
☐ smoke	☐ through	☐ chimney	☐ contrary to	☐ result	☐ expect
☐ cosy	☐ fireplace	☐ banker	☐ skillfully	☐ count	☐ cop
☐ signal	☐ instead of	☐ traffic light	☐ suddenly	☐ cough	☐ forearm

13 51 He **wiped** the floor clean with a mop.
그는 대걸레로 바닥을 깨끗이 닦았다.

13 52 The **cunning** fox deceived the foolish lion.
교활한 여우가 어리석은 사자를 속였다.

13 53 All baggage is inspected by x-**ray**.
모든 수하물은 x-선으로 검사를 받는다.

13 54 These shoes are as light as a bird's **feather**.
이 신발은 새의 깃털처럼 가볍다.

13 55 Black smoke came up through the **chimney**.
검은 연기가 굴뚝을 통해서 올라왔다.

13 56 This is **contrary** to the result that I expected.
이건 내가 예상한 것과 반대의 결과다.

13 57 She felt **cosy** by the fireplace.
그녀는 벽난로 옆에서 편안하게 느꼈다.

13 58 The **banker** is skillfully counting the money.
은행원이 능숙하게 돈을 세고 있다.

13 59 The **cop** sent hand signals instead of a traffic light.
경찰관이 교통신호등 대신에 수신호를 보냈다.

13 60 If you suddenly **cough**, cover your mouth with your forearm.
갑자기 기침할 때는 팔뚝으로 가려라.

닦다	마룻바닥	대걸레	교활한	여우	속이다
어리석은	수하물	검사하다	광선	가벼운	깃털
연기	통해서	굴뚝	~와 반대의	결과	예상하다
편안한	벽난로	은행원	능숙하게	세다	경찰관
신호	~대신에	교통 신호등	갑자기	기침하다	팔뚝

**13
61**
The government **permitted** us to visit China.
더 거번멘트 퍼r미릳 어쓰 투 비짓 촤이나.

**13
62**
She is a writer of movie **scripts**.
쉬 이즈 어 롸이터r 어브 무비 스크륖츠.

**13
63**
He is a middle school student in **coeducation**.
히 이즈 어 미들 스쿨 스튜든트 인 코우에주케이션.

**13
64**
Erase the incorrect answer before it's too late.
이뤠이즈 디 인커뤸(트) 앤써r 비포r 이츠 투 레잍.

**13
65**
This candy tastes **sweet** and sour.
디쓰 캔디 테이스츠 스위:트 앤(드) 싸워r.

**13
66**
I am a student. **Therefore**, I have to study.
아이 엠 어 스튜든트. 데어r포:r, 아이 해브 투 스터디.

**13
67**
He **eagerly** waited for her to appear.
히 이:걸r리 웨이틷 포r 허r 투 어피어r.

**13
68**
She saw the scene of a **terrible** accident.
쉬 쏘: 더 씬 어브 어 테뤼블 액씨든트.

**13
69**
Grapes are mass produced in this **district**.
그뤠잎쓰 아r 매쓰 프러듀쓰트 인 디쓰 디스추륕트.

**13
70**
The bathroom floor is covered in **ceramic** tiles.
더 배쓰룸:움 플로어r 이즈 커버r드 인 써뤠믹 타일즈.

government	permit	visit	writer	script	middle
coeducation	erase	incorrect	before	too late	taste
sweet	sour	therefore	have to	eagerly	wait for
appear	scene	terrible	accident	grape	mass
produce	district	bathroom	floor	ceramic	tile

13 61 The government **permitted** us to visit China.
정부는 중국을 방문하는 걸 허락했다.

13 62 She is a writer of movie **scripts**.
그녀는 영화 대본을 쓰는 작가다.

13 63 He is a middle school student in **coeducation**.
그는 남녀공학에 다니는 중학생이다.

13 64 **Erase** the incorrect answer before it's too late.
너무 늦기 전에 틀린 답을 지우세요.

13 65 This candy tastes **sweet** and sour.
이 사탕은 달콤하고 시큼한 맛이 난다.

13 66 I am a student. **Therefore**, I have to study.
난 학생이다. 그러므로 난 공부해야 한다.

13 67 He **eagerly** waited for her to appear.
그는 그녀가 나타나길 열심히 기다렸다.

13 68 She saw the scene of a **terrible** accident.
그녀는 끔찍한 사고 현장을 봤다.

13 69 Grapes are mass produced in this **district**.
이 지역에서는 포도가 대량 생산된다.

13 70 The bathroom floor is covered in **ceramic** tiles.
욕실 바닥이 도자기 타일로 덮여 있다.

☐ 정부	☐ 허락하다	☐ 방문하다	☐ 작가	☐ 대본	☐ 중앙의
☐ 남녀공학	☐ 지우다	☐ 틀린	☐ ~전에	☐ 너무 늦은	☐ 맛이 나다
☐ 달콤한	☐ 시큼한	☐ 그러므로	☐ 해야만 한다	☐ 열심히	☐ ~을 기다리다
☐ 나타나다	☐ 현장	☐ 끔찍한	☐ 사고	☐ 포도	☐ 대량
☐ 생산하다	☐ 지역	☐ 욕실	☐ 바닥	☐ 도자기	☐ 타일

069 day   Step **2**   발음편

13 71 The black cape **enveloped** Harry completely.
더 블랙 케잎 엔벨럾트 해뤼 컴플릳리.

13 72 The **source** of his confidence is his family.
더 쏘:스 어브 히즈 컨피든쓰 이즈 히즈 페믈리.

13 73 She bought a rare stamp from the **auction**.
쉬 밭 어 뤠어r 스탬프 프뤔 디 옥:션.

13 74 The thief showed a **false** identification card.
더 띠프 쑈우드 어 폴:쓰 아이덴티피케이션 카r드.

13 75 It was **fortunate** that Jisung met the director.
잍 워즈 포:r춰넽 댙 쥐썽 멭 더 디뤰터r.

13 76 He sent a sample to the **lab** for testing.
히 쎈트 어 쌤플 투 더 랩 포r 테스팅.

13 77 The **solid** ice melted into liquid water.
더 쌀:릳 아이쓰 멜틴 인투 리쿠윋 워러r.

13 78 The information is **available** to anyone who wants it.
디 인퍼r메이션 이즈 어베일러블 투 에니원 후 원츠 잍.

13 79 He **quietly** opened the classroom door to go inside.
히 쿠와이얼리 오우쁜(드) 더 클래쓰루:움 도어r 투 고우 인싸이드.

13 80 Her house is not **far** from the office.
허r 하우쓰 이즈 낱 파:r 프뤔 디 아피쓰.

black	cape	envelop	**completely**	source	confidence
buy	rare	**stamp**	auction	thief	show
false	identification	fortunate	**director**	sample	lab
testing	solid	**melt**	liquid	information	**available**
anyone	**quietly**	classroom	inside	**far**	office

88

13 71 The black cape **enveloped** Harry completely.
검은 망토가 해리를 완전히 감쌌다.

13 72 The **source** of his confidence is his family.
그의 자신감의 근원은 그의 가족이다.

13 73 She bought a rare stamp from the **auction**.
그녀는 경매에서 희귀한 우표를 샀다.

13 74 The thief showed a **false** identification card.
그 도둑은 가짜의 신분증을 보여주었다.

13 75 It was **fortunate** that Jisung met the director.
지성이 그 감독을 만난 건 운이 좋았다.

13 76 He sent a sample to the **lab** for testing.
그는 검사를 위해 실험실로 표본을 보냈다.

13 77 The **solid** ice melted into liquid water.
고체의 얼음이 액체의 물로 녹았다.

13 78 The information is **available** to anyone who wants it.
그 정보는 원하는 누구나 이용할 수 있다.

13 79 He **quietly** opened the classroom door to go inside.
그는 조용히 교실 문을 열고 안으로 들어갔다.

13 80 Her house is not **far** from the office.
그녀의 집은 사무실로부터 멀지 않다.

☐ 검은	☐ 망토	☐ 감싸다	☐ 완전히	☐ 근원	☐ 자신감
☐ 사다	☐ 희귀한	☐ 우표	☐ 경매	☐ 도둑	☐ 보여주다
☐ 가짜의	☐ 신분증	☐ 운이 좋은	☐ 감독	☐ 표본	☐ 실험실
☐ 검사	☐ 고체의	☐ 녹다	☐ 액체의	☐ 정보	☐ 이용가능한
☐ 누구나	☐ 조용히	☐ 교실	☐ 안으로	☐ 멀리	☐ 사무실

13 81 I went to the dentist because I had a **toothache**.
아이 웬(트) 투 더 덴티스트 비코:즈 아이 핻 어 투:쓰에잌.

13 82 She **succeeded** as a career woman.
쉬 썩씨:딛 애즈 어 커<u>뤼</u>어r 워먼.

13 83 I already know the answer to this **riddle**.
아이 얼<u>뤠</u>디 노우 디 앤써r 투 디쓰 <u>뤼</u>들.

13 84 The appearance of giant monsters **terrified** me.
디 어피<u>뤼</u>언쓰 어브 좌이언(트) 만스터즈 테<u>뤄</u>파이드 미.

13 85 Which subject did you apply for this **semester?**
위취 써브쥌트 디 쥬 어플라이 포r 디쓰 씨메스터r?

13 86 A **minor** defect was found on this machine.
어 마이너r 디펙트 워즈 파운드 온 디쓰 머쉰.

13 87 The boss treated the employee like a **slave**.
더 보:쓰 추<u>뤼</u>틷 디 임플로이: 라이크 어 슬레이<u>브</u>.

13 88 There was a **scientific** investigation of the fire.
데어r 워즈 어 싸이언티픽 인베스터게이션 어브 더 파이어r.

13 89 Singing is a way to express **emotion**.
씽잉 이즈 어 웨이 투 엑쓰프<u>뤠</u>쓰 이모우션.

13 90 Her daughter entered **elementary** school.
허r 도:러r 엔터r드 엘러멘추<u>뤼</u> 스쿨.

---

dentist	toothache	succeed	career	woman	already
riddle	appearance	giant	monster	terrify	subject
apply for	semester	minor	defect	machine	treat
employee	slave	scientific	investigation	fire	sing
way	express	emotion	daughter	enter	elementary

13 81 I went to the dentist because I had a **toothache**.
나는 치통이 있어서 치과에 갔다.

13 82 She **succeeded** as a career woman.
그녀는 직장여성으로서 성공했다.

13 83 I already know the answer to this **riddle**.
나는 이 수수께끼 답을 이미 알고 있다.

13 84 The appearance of giant monsters **terrified** me.
거대한 괴물의 출현은 나를 놀라게 했다.

13 85 Which subject did you apply for this **semester?**
이번 학기에 어느 과목을 신청했나요?

13 86 A **minor** defect was found on this machine.
작은 결함이 이 기계에서 발견되었다.

13 87 The boss treated the employee like a **slave**.
그 사장은 종업원을 노예처럼 취급했다.

13 88 There was a **scientific** investigation of the fire.
화재에 대해 과학적인 조사가 이루어졌다.

13 89 Singing is a way to express **emotion**.
노래하는 건 감정을 표현하는 방법이다.

13 90 Her daughter entered **elementary** school.
그녀의 딸이 초등학교에 들어갔다.

치과	치통	성공하다	직장	여성	이미
수수께끼	출현	거대한	괴물	놀라게하다	과목
~에 신청하다	학기	작은	결함	기계	취급하다
종업원	노예	과학적인	조사	화재	노래하다
방법	표현하다	감정	딸	들어가다	초등의

13 91 I am **quite** busy with cleaning and housework.
아이 엠 쿠와일 비지 위드 클리닝 앤(드) 하우쓰워r크.

13 92 Let's go after we take a rest **underneath** this pine tree.
레츠 고우 애프터r 위 테일 어 뤠스트 언더r니:쓰 디쓰 파인 추뤼.

13 93 He felt a severe pain in his **stomach**.
히 펠트 어 씨비어r 페인 인 히즈 스터먹.

13 94 This job requires both **skill** and experience.
디쓰 좁 뤼쿠와이어r즈 보우쓰 스킬 앤(드) 익쓰뻬어뤼언쓰.

13 95 I **grind** my teeth badly when I sleep.
아이 그롸인드 마이 티쓰 배들리 웬 아이 슬맆.

13 96 He **somehow** passed the entrance exam.
히 썸하우 패쓰(트) 디 엔추뤤쓰 이그잼.

13 97 She lost a **pair** of earrings while wearing makeup.
쉬 로스트 어 페어r 어브 이어륑즈 와일 웨어륑 메이컾.

13 98 He is quite **capable** of dancing and singing.
히 이즈 쿠와일 케이퍼블 어브 댄씽 앤(드) 씽잉.

13 99 We say, "**Merry** Christmas".
위 쎄이, "메뤼 크뤼스마스".

14 00 He is **active** despite his age.
히 이즈 액티브 디쓰파일 히즈 에이쥐.

quite	busy	cleaning	housework	let's go	rest
underneath	pine tree	severe	pain	stomach	require
skill	experience	grind	tooth	badly	somehow
pass	entrance	exam	a pair of	earring	makeup
be capable of	dance	merry	active	despite	age

13 91
I am **quite** busy with cleaning and housework.
나는 청소와 집안일로 꽤 바쁘다.

13 92
Let's go after we take a rest **underneath** this pine tree.
이 소나무 아래에서 쉬었다 가자.

13 93
He felt a severe pain in his **stomach**.
그는 배에 심한 고통을 느꼈다.

13 94
This job requires both **skill** and experience.
이 일은 기술과 경험 모두를 요구한다.

13 95
I **grind** my teeth badly when I sleep.
나는 자면서 심하게 이빨들을 간다.

13 96
He **somehow** passed the entrance exam.
그는 어떻게든 입학시험을 통과했다.

13 97
She lost a **pair** of earrings while wearing make up.
그녀는 화장하다가 귀고리 한 쌍을 잃었다.

13 98
He is quite **capable** of dancing and singing.
그는 춤과 노래를 꽤 잘 할 수 있다.

13 99
We say, "**Merry** Christmas".
우리는 "즐거운 크리스마스"라고 말한다.

14 00
He is **active** despite his age.
그는 그 나이에도 불구하고 활동적이다.

꽤	바쁜	청소	집안일	가자	휴식
~아래에	소나무	심한	고통	배	요구하다
기술	경험	갈다	이빨	심하게	어떻게든
통과하다	입학	시험	한 쌍의	귀걸이	화장
~을 할 수 있다	춤을 추다	즐거운	활동적인	~에도 불구하고	나이

01	fund	21	fate	41	develop	61	December	81	fusion
02	review	22	rapid	42	spread	62	unlock	82	creation
03	barn	23	mentor	43	rescue	63	hell	83	sincerely
04	admit	24	profession	44	venture	64	housewife	84	prey
05	lay	25	farewell	45	sled	65	remain	85	pour
06	beetle	26	edition	46	earning	66	sightsee	86	pork
07	collection	27	tunnel	47	well-known	67	clap	87	limited
08	depend	28	revolution	48	stream	68	casual	88	heating
09	greet	29	sacrifice	49	tradition	69	pleasant	89	gateway
10	midnight	30	nearly	50	bare	70	force	90	selection
11	disturb	31	messenger	51	squirrel	71	sculpture	91	pearl
12	amount	32	position	52	scan	72	shock	92	limp
13	odd	33	rubbish	53	forever	73	unlucky	93	deck
14	stun	34	margin	54	equipment	74	rumor	94	earthquake
15	define	35	lid	55	correctly	75	frown	95	tone
16	situation	36	eyesight	56	coast	76	fit	96	naked
17	loose	37	chase	57	armchair	77	pole	97	biology
18	envelope	38	standard	58	anxiety	78	flesh	98	bless
19	backyard	39	owe	59	outdoor	79	these	99	distant
20	perfect	40	explore	60	dew	80	meadow	00	sow

표제어 리뷰 테스트

MP3 듣기

01	triumph	21	confusing	41	railroad	61	permit	81	toothache
02	bracelet	22	telescope	42	mixture	62	script	82	succeed
03	economy	23	frozen	43	rule	63	coeducation	83	riddle
04	degree	24	grasshopper	44	dead	64	erase	84	terrify
05	impressive	25	harvest	45	fiction	65	sweet	85	semester
06	stony	26	cleaner	46	boast	66	therefore	86	minor
07	weekly	27	southern	47	fame	67	eagerly	87	slave
08	tragic	28	vehicle	48	ambition	68	terrible	88	scientific
09	joyful	29	unusual	49	catalogue	69	district	89	emotion
10	painful	30	scene	50	department	70	ceramic	90	elementary
11	frequent	31	greedy	51	wipe	71	envelop	91	quite
12	respond	32	mercy	52	cunning	72	source	92	underneath
13	site	33	aware	53	ray	73	auction	93	stomach
14	pimple	34	function	54	feather	74	false	94	skill
15	torch	35	skillful	55	chimney	75	fortunate	95	grind
16	dozen	36	wooden	56	contrary	76	lab	96	somehow
17	quarrel	37	romantic	57	cozy	77	solid	97	pair
18	search	38	spiral	58	banker	78	available	98	capable
19	roadside	39	membership	59	cop	79	quietly	99	merry
20	barbershop	40	secondary	60	cough	80	far	00	active

정답

01	기금	21	운명	41	개발하다	61	12월	81	융합
02	검토하다	22	빠른	42	펴다	62	열다	82	창조
03	헛간	23	조언자	43	구조하다	63	지옥	83	진심으로
04	인정하다	24	직업	44	모험	64	주부	84	먹이
05	놓다	25	작별인사	45	썰매	65	남아있다	85	따르다
06	딱정벌레	26	호	46	소득	66	구경하다	86	돼지고기
07	수집품	27	굴	47	유명한	67	박수치다	87	제한된
08	의존하다	28	혁명	48	개울	68	평상시의	88	난방
09	인사하다	29	희생시키다	49	전통	69	즐거운	89	대문
10	한밤중	30	거의	50	벗은	70	힘	90	선택
11	방해하다	31	심부름꾼	51	다람쥐	71	조각품	91	진주
12	총액	32	위치	52	살피다	72	충격	92	절룩거리다
13	이상한	33	쓰레기	53	영원히	73	운이 없는	93	갑판
14	기절시키다	34	여백	54	장비	74	소문	94	지진
15	정의를 내리다	35	뚜껑	55	정확하게	75	찡그리다	95	말투
16	상황	36	시력	56	해안	76	딱 맞다	96	벌거벗은
17	헐거운	37	추적하다	57	안락의자	77	기둥	97	생물학
18	봉투	38	표준	58	걱정	78	살	98	축복하다
19	뒷마당	39	빚지다	59	옥외의	79	이것들	99	거리가 먼
20	완벽한	40	탐험하다	60	이슬	80	목초지	00	뿌리다

정답

01	승리	21	혼란스러운	41	철도	61	허락하다	81	치통
02	팔찌	22	망원경	42	혼합물	62	대본	82	성공하다
03	경제	23	얼은	43	규칙	63	남녀공학	83	수수께끼
04	도	24	메뚜기	44	죽은	64	지우다	84	놀라게 하다
05	인상적인	25	수확	45	허구	65	달콤한	85	학기
06	돌이 많은	26	청소부	46	자랑하다	66	그러므로	86	작은
07	매주의	27	남쪽의	47	명성	67	열심히	87	노예
08	비극적인	28	차량	48	야망	68	끔찍한	88	과학적인
09	기쁜	29	특이한	49	목록	69	지역	89	감정
10	아픈	30	장면	50	부서	70	도자기	90	초등의
11	빈번한	31	욕심이 많은	51	닦다	71	감싸다	91	꽤
12	응답하다	32	자비	52	교활한	72	근원	92	아래에
13	용지	33	알고 있는	53	광선	73	경매	93	배
14	여드름	34	기능	54	깃털	74	가짜의	94	기술
15	횃불	35	솜씨 좋은	55	굴뚝	75	운이 좋은	95	갈다
16	12개 한 묶음	36	나무로 된	56	반대의	76	실험실	96	어떻게든
17	싸우다	37	낭만적인	57	편안한	77	고체의	97	한 쌍
18	찾다	38	나선형의	58	은행원	78	이용 가능한	98	유능한
19	길가	39	회원	59	경찰관	79	조용히	99	즐거운
20	이발소	40	2차적인	60	기침하다	80	멀리	00	활동적인

중학영어공부
혼자하기 100일

071일
-
080일

08장

영어 공부 잘하는 법

14 01 The spider eats the **insects** on the web.
더 스빠이더r 잇츠 더 인섹츠 온 더 웹.

14 02 What he said is **largely** false.
왙 히 쎋 이즈 라:r쥘리 폴쓰.

14 03 She is so sick that her face is **pale**.
쉬 이즈 쏘우 씩 댙 허r 페이쓰 이즈 페일.

14 04 I **squeezed** toothpaste onto my toothbrush.
아이 스크위:즈드 투쓰페이스트 온투 마이 투쓰브뤄쉬.

14 05 He stayed in a little **hut** by the lake.
히 스테이드 인 어 리를 헐 바이 더 레이크.

14 06 The prince turns into a beggar in this **fairy tale**.
더 프륀쓰 턴즈 인투 어 베거r 인 디쓰 페어뤼 테일.

14 07 Only a hero can **settle** this war.
온리 어 히로우 캔 쎄를 디쓰 우워r.

14 08 The **secretary** wrote the address on the envelope.
더 쎄크러테뤼 로울 디 애주뤠쓰 온 디 엔블로웊.

14 09 Please **slice** the pork a little thinly.
플리즈 슬라이쓰 더 포r크 어 리를 띤리.

14 10 He wears a wig because he is terribly **bald**.
히 웨어r즈 어 윅 비코:즈 히 이즈 테뤄블리 볼:드.

spider	insect	web	largely	false	so A that B
pale	squeeze	toothpaste	onto	toothbrush	stay
hut	lake	prince	beggar	fairy tale	hero
settle	war	secretary	address	envelope	slice
pork	a little	thinly	wig	terribly	bald

14 01 The spider eats the **insects** on the web.
거미는 거미줄에 있는 벌레들을 먹는다.

14 02 What he said is **largely** false.
그가 말한 것은 대체로 거짓이다.

14 03 She is so sick that her face is **pale**.
그녀는 너무 아파서 얼굴이 창백하다.

14 04 I **squeezed** toothpaste onto my toothbrush.
나는 치약을 칫솔에 왕창 짰다.

14 05 He stayed in a little **hut** by the lake.
그는 호수 옆의 작은 오두막에서 머물렀다.

14 06 The prince turns into a beggar in this **fairy tale**.
이 동화에서 왕자가 거지로 변한다.

14 07 Only a hero can **settle** this war.
영웅만이 이 전쟁을 해결할 수 있다.

14 08 The **secretary** wrote the address on the envelope.
비서는 편지봉투에 주소를 썼다.

14 09 Please **slice** the pork a little thinly.
돼지고기를 조금 얇게 썰어 주세요.

14 10 He wears a wig because he is terribly **bald**.
그는 심하게 대머리라서 가발을 쓴다.

☐ 거미	☐ 벌레	☐ 거미줄	☐ 대체로	☐ 거짓의	☐ 너무 A해서 B하다
☐ 창백한	☐ 짜다	☐ 치약	☐ ~위에	☐ 칫솔	☐ 머물다
☐ 오두막	☐ 호수	☐ 왕자	☐ 거지	☐ 동화	☐ 영웅
☐ 해결하다	☐ 전쟁	☐ 비서	☐ 주소	☐ 봉투	☐ 썰다
☐ 돼지고기	☐ 조금	☐ 얇게	☐ 가발	☐ 심하게	☐ 대머리의

14 11 Dracula is afraid of **daylight**.
주롸큘라 이즈 어프뤠이드 어브 데일라잍.

14 12 The company specializes in overseas **trade**.
더 컴뻐니 스뻬셜라이지쓰 인 오우브r씨즈 추뤠이드.

14 13 We gathered at the **auditorium** for a presentation.
위 게더r드 앹 디 오:디토:뤼엄 포r 어 프뤠젠테이션.

14 14 They mostly **cultivate** rice and wheat.
데이 모우슬리 컬터베잍 롸이쓰 앤(드) 윝.

14 15 Peppers are a food that stimulate **appetite**.
페퍼r쓰 아r 어 푸드 댙 스티뮬레잍 애퍼타잍.

14 16 The pitcher **pitches** the ball to the catcher.
더 핕춰r 피취즈 더 볼 투 더 캩춰r.

14 17 There's no possibility that the suspect will win the **trial**.
데어r즈 노우 파써빌러디 댙 더 써쓰펙트 윌 윈 더 추롸이얼.

14 18 She **emphasized** her rich experience.
쉬 엠퍼싸이즈드 허r 뤼치 익쓰뻬어뤼언쓰.

14 19 It is **certain** that he is lying.
잍 이즈 써:r든 댙 히 이즈 라잉.

14 20 I asked the hotel **manager** to make a reservation.
아이 애슥(트) 더 호우텔 매니줘r 투 메익 어 뤠저r베이션.

be afraid of	daylight	specialize	overseas	trade	gather
auditorium	presentation	mostly	cultivate	rice	wheat
pepper	stimulate	appetite	pitcher	pitch	catcher
possibility	suspect	win	trial	emphasize	rich
experience	certain	lie	ask	manager	reservation

14 11 Dracula is afraid of **daylight**.
드라큘라는 햇빛을 무서워한다.

14 12 The company specializes in overseas **trade**.
이 회사는 해외 무역이 전문이다.

14 13 We gathered at the **auditorium** for a presentation.
우린 발표를 위해 강당에 모였다.

14 14 They mostly **cultivate** rice and wheat.
그들은 주로 쌀과 밀을 경작한다.

14 15 Peppers are a food that stimulate **appetite**.
후추는 식욕을 자극하는 음식이다.

14 16 The pitcher **pitches** the ball to the catcher.
투수가 공을 포수에게 던졌다.

14 17 There's no possibility that the suspect will win the **trial**.
용의자가 재판을 이길 가능성은 없다.

14 18 She **emphasized** her rich experience.
그녀는 풍부한 경험을 강조했다.

14 19 It is **certain** that he is lying.
그가 거짓말을 하는 것은 확실하다.

14 20 I asked the hotel **manager** to make a reservation.
나는 호텔 관리자에게 예약을 부탁했다.

☐ ~을 무서워하다	☐ 햇빛	☐ 전문으로 하다	☐ 해외의	☐ 무역	☐ 모이다
☐ 강당	☐ 발표	☐ 주로	☐ 경작하다	☐ 쌀	☐ 밀
☐ 후추	☐ 자극하다	☐ 식욕	☐ 투수	☐ 던지다	☐ 포수
☐ 가능성	☐ 용의자	☐ 이기다	☐ 재판	☐ 강조하다	☐ 풍부한
☐ 경험	☐ 확실한	☐ 거짓말하다	☐ 부탁하다	☐ 관리자	☐ 예약

14 21 It was so hot that I drank **icy** water.
일 워즈 쏘우 핱 댙 아이 주륑크 아이씨 워러r.

14 22 He tied the cow loosely to a wooden **post**.
히 타읻 더 카우 루슬리 투 어 우든 포우스트.

14 23 The country is **struggling** for independence.
더 컨추뤼 이즈 스추뤄글링 포r 인디펜던쓰.

14 24 Check out your phone **records** with her.
췌크 아웉 유어r 포운 뤠커:r즈 위드 허r.

14 25 He fully understood the **meaning** of my words.
히 풀리 언더r스툳 더 미:닝 어브 마이 워r즈.

14 26 He **mimicked** my voice perfectly.
히 미믹트 마이 보이쓰 퍼r펙들리.

14 27 **Jealousy** is an emotion that ruins friendship.
쩰러씨 이즈 언 이모우션 댙 로인즈 프뤤(드)쉽.

14 28 America has a magnificent **Statue** of Liberty.
어메뤼카 해즈 어 매그니피쎈트 스태추: 어브 리버r디.

14 29 **Floods** and droughts are massive natural **disasters**.
플러즈 앤(드) 주롸우츠 아r 매씨브 네추륄 디재스터r즈.

14 30 People were surprised by the sound of the **alarm**.
피쁠 워r 써r프롸이즈드 바이 더 싸운드 어브 디 얼람:.

drink	icy	tie	loosely	wooden	post
struggle	independence	check	record	fully	understand
meaning	mimic	voice	perfectly	jealousy	emotion
ruin	friendship	magnificent	statue	liberty	flood
drought	massive	natural	disaster	surprise	alarm

14 21 It was so hot that I drank **icy** water.
너무 더워서 나는 얼음처럼 찬 물을 마셨다.

14 22 He tied the cow loosely to a wooden **post**.
그는 나무로 된 기둥에 소를 느슨하게 묶었다.

14 23 The country is **struggling** for independence.
그 나라는 독립을 위해서 투쟁하고 있다.

14 24 Check out your phone **records** with her.
그녀와의 통화 기록을 확인해 봐라.

14 25 He fully understood the **meaning** of my words.
그는 내 말의 의미를 충분히 알았다.

14 26 He **mimicked** my voice perfectly.
그는 나의 목소리를 완벽히 모방했다.

14 27 **Jealousy** is an emotion that ruins friendship.
질투는 우정을 망치는 감정이다.

14 28 America has a magnificent **Statue** of Liberty.
미국에는 웅장한 자유의 조각상이 있다.

14 29 **Floods** and droughts are massive natural **disasters**.
홍수와 가뭄은 엄청게 큰 자연**재해**다.

14 30 People were surprised by the sound of the **alarm**.
경고 소리에 사람들이 놀랐다.

마시다	얼음같이 찬	묶다	느슨하게	나무로 된	기둥
투쟁하다	독립	확인하다	기록	충분히	이해하다
의미	모방하다	목소리	완벽히	질투	감정
망치다	우정	웅장한	조각상	자유	홍수
가뭄	엄청나게 큰	자연의	재해	놀라게 하다	경고

14 31 She had an increase in her **salary** last month.
쉬 핻 언 인크뤼쓰 인 허r 쌜러뤼 라스트 먼쓰.

14 32 Wind is the main **factor** that causes fire to spread.
윈드 이즈 더 메인 팩터r 댇 코지즈 파이어r 투 스프뤧.

14 33 He bought **fresh** vegetables from the market.
히 밭 프뤠쉬 베쥐터블즈 프뤔 더 마r켙.

14 34 We say that there is no limit to human **greed**.
위 쎄이 댇 데어r 이즈 노우 리밑 투 휴먼 그뤼:드.

14 35 He **insisted** that his answer was right.
히 인씨스틷 댇 히즈 앤써r 워즈 롸잍.

14 36 She is somewhat **responsible** for the accident.
쉬 이즈 썸왈 뤼스판써블 포r 디 액씨든트.

14 37 The deer and the leopard **drowned** in the water.
더 디어r 앤(드) 더 레퍼r드 주롸운드 인 더 워러r.

14 38 He **managed** the complaining customer well.
히 매니쥗 더 컴플레이닝 커스터머r 웰.

14 39 The room where the children played was in **disorder**.
더 루:움 웨어r 더 췰드뤈 플레이드 워즈 인 디쓰오:r더r.

14 40 You had better take your dog to the **vet**.
유 핻 베러r 테이크 유어r 독 투 더 벹.

increase	salary	last month	wind	main	factor
cause	spread	fresh	vegetable	market	we say
limit	human	greed	insist	right	somewhat
responsible	accident	deer	leopard	drown	manage
complain	customer	children	disorder	had better	vet

**14
31** She had an increase in her **salary** last month.
그녀는 지난달 월급의 인상이 있었다.

**14
32** Wind is the main **factor** that causes fire to spread.
불이 번지도록 초래하는 주요한 요인은 바람이다.

**14
33** He bought **fresh** vegetables from the market.
그는 시장에서 신선한 야채를 샀다.

**14
34** We say that there is no limit to human **greed**.
인간의 욕심에는 한계가 없다라고 한다.

**14
35** He **insisted** that his answer was right.
그는 자기의 답이 옳다고 주장했다.

**14
36** She is somewhat **responsible** for the accident.
그녀도 그 사고에 다소 책임이 있다.

**14
37** The deer and the leopard **drowned** in the water.
사슴과 표범이 물에 빠져서 익사했다.

**14
38** He **managed** the complaining customer well.
그는 불평하는 소비자를 잘 처리했다.

**14
39** The room where the children played was in **disorder**.
아이들이 놀았던 방은 엉망이었다.

**14
40** You had better take your dog to the **vet**.
너는 개를 수의사에게 데려가는 것이 좋겠다.

☐ 인상	☐ 월급	☐ 지난달	☐ 바람	☐ 주요한	☐ 요인
☐ 초래하다	☐ 번지다	☐ 신선한	☐ 야채	☐ 시장	☐ ~라고 말한다
☐ 한계	☐ 인간	☐ 욕심	☐ 주장하다	☐ 옳은	☐ 다소
☐ 책임이 있는	☐ 사고	☐ 사슴	☐ 표범	☐ 익사하다	☐ 처리하다
☐ 불평하다	☐ 소비자	☐ 아이들	☐ 엉망	☐ ~하는 편이 좋다	☐ 수의사

14
41
She asked a **passerby** where the bank was.
쉬 애슥트 어 패써r바이 웨어r 더 뱅크 워즈.

14
42
He **obtained** the information from the broker.
히 업테인(드) 디 인퍼r메이션 프뤔 더 브로우커r.

14
43
Minsu is my **junior** by three years.
민수 이즈 마이 주:니어r 바이 쓰뤼 이어r즈.

14
44
His name was engraved on a war **memorial**.
히즈 네임 워즈 인그뤠이브드 온 어 워r 머모:뤼얼.

14
45
He found a **herb** that helped his digestion.
히 파운드 어 허:r브 댙 헬프트 히즈 다이줴스쳔.

14
46
This book consists of **text** and pictures.
디쓰 북 컨씨스츠 어브 텍스트 앤(드) 픽쳐r즈.

14
47
All relatives **gathered** on New Year's Day.
올 뤨러티브즈 개더r드 온 뉴 이어r즈 데이.

14
48
I tied the thick papers with **staples**.
아이 타읻 더 띡 페이퍼r즈 위드 스테이플즈.

14
49
An angry dog **growled** at the guest.
언 앵그뤼 독 그롸울드 앹 더 게스트.

14
50
He drew straight and **curved** lines.
히 주로 스추뤠잍 앤(드) 커r브드 라인즈.

☐ passerby	☐ bank	☐ obtain	☐ information	☐ broker	☐ junior
☐ by two years	☐ engrave	☐ war	☐ memorial	☐ herb	☐ help
☐ digestion	☐ consist of	☐ text	☐ picture	☐ relative	☐ gather
☐ New Year	☐ tie	☐ thick	☐ paper	☐ staple	☐ angry
☐ growl	☐ guest	☐ draw	☐ straight	☐ curved	☐ line

14 41
She asked a **passerby** where the bank was.
그녀는 행인에게 은행을 물었다.

14 42
He **obtained** the information from the broker.
그는 중개인으로부터 정보를 얻었다.

14 43
Minsu is my **junior** by three years.
민수는 나와 세 살 차이의 후배이다.

14 44
His name was engraved on a war **memorial**.
그의 이름은 전쟁 기념비에 새겨졌다.

14 45
He found a **herb** that helped his digestion.
그는 소화에 도움이 되는 약초를 찾았다.

14 46
This book consists of **text** and pictures.
이 책은 글과 그림으로 구성되어 있다.

14 47
All relatives **gathered** on New Year's Day.
설날에 모든 친척이 모였다.

14 48
I tied the thick papers with **staples**.
나는 철심으로 두꺼운 종이를 묶었다.

14 49
An angry dog **growled** at the guest.
화난 개가 손님을 향해 으르렁거렸다.

14 50
He drew straight and **curved** lines.
그는 직선과 굽은 선을 그렸다.

☐ 행인	☐ 은행	☐ 얻다	☐ 정보	☐ 중개인	☐ 후배
☐ 2살 차이의	☐ 새기다	☐ 전쟁	☐ 기념비	☐ 약초	☐ 돕다
☐ 소화	☐ ~로 구성되다	☐ 글	☐ 그림	☐ 친척	☐ 모이다
☐ 새해	☐ 묶다	☐ 두꺼운	☐ 종이	☐ ㄷ자 철심	☐ 화난
☐ 으르렁거리다	☐ 손님	☐ 그리다	☐ 곧은	☐ 굽은	☐ 선

14 51 **Silk** is made out of the cocoon of silkworms.
썰크 이즈 메이드 아웉 어브 더 커쿤 어브 썰크웜즈.

14 52 The **fairy** turned the pumpkin into a wagon.
더 <u>페뤼</u> 턴(드) 더 펌킨 인투 어 웨건.

14 53 Workers receive **monthly** payments from their companies.
워r커r즈 <u>뤼</u>씨브 먼쓸리 페이멘츠 <u>프뤔</u> 데어r 컴뻐니즈.

14 54 **Although** he is young, he is strong.
올도우 히 이즈 영, 히 이즈 스추롱.

14 55 She met **pilgrims** on the way to the Holy Land.
쉬 멭 필그<u>륌</u>즈 온 더 웨이 투 더 호울리 랜드.

14 56 He is a **British** man from Britain.
히 이즈 어 브<u>뤼</u>티쉬 맨 <u>프뤔</u> 브<u>뤼</u>튼.

14 57 The **carpenter** climbed up the ladder to fix the roof.
더 카:r펜터r 클라임드 엎 더 래더r 투 <u>픽쓰</u> 더 <u>루프</u>.

14 58 I can't walk well because of my **backache**.
아이 캔(트) 웤 웰 비코:즈 어브 마이 백에읰.

14 59 He **bent** the wire to make a crane.
히 벤트 더 와이어r 투 메이크 어 크<u>뤠</u>인.

14 60 She **boiled** water to eat cup noodles.
쉬 보일드 워러r 투 잍 컾 누들즈.

silk	cocoon	silkworm	fairy	pumpkin	wagon
worker	receive	monthly	payment	although	young
strong	pilgrim	on the way	Holy Land	British	Britain
carpenter	ladder	fix	roof	walk	because of
backache	bend	wire	crane	boil	noodle

14 51 **Silk** is made out of the cocoon of silkworms.
비단은 누에가 만든 고치로 만들어진다.

14 52 The **fairy** turned the pumpkin into a wagon.
요정은 호박을 마차로 변하게 했다.

14 53 Workers receive **monthly** payments from their companies.
근로자는 회사에서 매달 보상을 받는다.

14 54 **Although** he is young, he is strong.
비록 그는 어릴지라도, 힘이 세다.

14 55 She met **pilgrims** on the way to the Holy Land.
그녀는 성지로 가는 순례자를 만났다.

14 56 He is a **British** man from Britain.
그는 영국에서 온 영국의 남자다.

14 57 The **carpenter** climbed up the ladder to fix the roof.
목수는 사다리를 올라가 지붕을 고쳤다.

14 58 I can't walk well because of my **backache**.
요통 때문에 나는 잘 걸을 수 없다.

14 59 He **bent** the wire to make a crane.
그는 철사를 구부려서 학을 만들었다.

14 60 She **boiled** water to eat cup noodles.
그녀는 컵라면을 먹으려고 물을 끓였다.

비단	고치	누에	요정	호박	마차
근로자	받다	매달의	보상	비록 ~일지라도	어린
힘센	순례자	도중에	성지	영국의	영국
목수	사다리	고치다	지붕	걷다	~때문에
요통	구부리다	철사	학	끓이다	라면

**14
61**
We **discussed** whether to leave tomorrow or not.
위 디쓰꺼쓰트 웨더r 투 리브 투마로우 오어r 낱.

**14
62**
The **owner** must keep the dog on a leash.
디 오우너r 머스트 킾 더 독 온 어 리쉬.

**14
63**
He finally **overcame** his great sorrow.
히 파이늘리 오우<u>바</u>r케임 히즈 그뤠잍 쏘로우.

**14
64**
Her sales performance was **disappointing**.
허r 쎄일즈 퍼r<u>포</u>r맨쓰 워즈 디써포인팅.

**14
65**
Our professor is definitely a great **scholar**.
아워r 프러<u>페</u>써r 이즈 데<u>피</u>닐리 어 그뤠잍 스칼러r.

**14
66**
The officials are in a fire **drill** right now.
디 오<u>피</u>셜즈 아r 인 어 <u>파</u>이어r 주륄 롸잍 나우.

**14
67**
He knows a lot of English **vocabulary**.
히 노우즈 어 랕 어브 잉글리쉬 보우캐뷸래뤼.

**14
68**
One day the rabbit and the **tortoise** met on the road.
원 데이 더 <u>뤠</u>빝 앤(드) 더 토:r터스 멭 온 더 로우드.

**14
69**
I looked for a **folk** remedy for my headache.
아이 룩트 포r 어 포욱 뤠머디 포r 마이 헤데잌.

**14
70**
Plant **growth** depends on the amount of sunlight.
플랜트 그로우쓰 디펜즈 온 디 어마운트 어브 썬라잍.

discuss	whether	tomorrow	owner	must	leash
finally	overcome	sorrow	performance	disappointing	professor
definitely	scholar	official	drill	right now	a lot of
vocabulary	one day	rabbit	tortoise	look for	folk
remedy	headache	plant	growth	amount	sunlight

**14
61** We **discussed** whether to leave tomorrow or not.
우린 내일 떠날지 말지를 토론했다.

**14
62** The **owner** must keep the dog on a leash.
개 주인은 개를 개 줄로 묶고 다녀야 한다.

**14
63** He finally **overcame** his great sorrow.
그는 마침내 큰 슬픔을 극복했다.

**14
64** Her sales performance was **disappointing**.
그녀의 판매실적은 실망스러웠다.

**14
65** Our professor is definitely a great **scholar**.
우리 교수님은 확실히 위대한 학자다.

**14
66** The officials are in a fire **drill** right now.
공무원들이 바로 지금 소방 훈련하는 중이다.

**14
67** He knows a lot of English **vocabulary**.
그는 영어단어를 많이 알고 있다.

**14
68** One day the rabbit and the **tortoise** met on the road.
어느 날 토끼와 거북이가 길에서 만났다.

**14
69** I looked for a **folk** remedy for my headache.
두통 때문에 나는 민간의 치료법을 찾았다.

**14
70** Plant **growth** depends on the amount of sunlight.
식물의 성장은 햇빛의 양에 달렸다.

토론하다	인지 아닌지	내일	주인	해야만 한다	개 줄
마침내	극복하다	슬픔	실적	실망스러운	교수
확실히	학자	공무원	훈련	바로 지금	많은
단어	어느 날	토끼	거북이	~을 찾다	민간의
치료법	두통	식물	성장	양	햇빛

14 71 He couldn't find his **way out** because of the smoke.
히 쿠른 파인드 히즈 웨이 아울 비코:즈 어브 더 스모우크.

14 72 The instructor **highlighted** the value of information.
디 인스추뤌터r 하일라이릳 더 밸류 어브 인퍼r메이션.

14 73 A diligent student sat in the front **seat**.
어 딜리줜(트) 스튜든트 쌛 인 더 프뤈(트) 씨:트.

14 74 I untied the **knot** of my shoelace.
아이 언타읻 더 낱 어브 마이 슈레이쓰.

14 75 We guessed the **outcome** of the election.
위 게쓰(트) 디 아울컴 어브 디 일렉션.

14 76 She completely **ignored** her senior's advice.
쉬 컴플릳리 이그노:어드 허r 씨니어r즈 애드바이쓰.

14 77 Let's meet **halfway** between the school and the library.
레츠 밑 해프웨이 비트윈 더 스쿨 앤(드) 더 라이브뤠뤼.

14 78 The submarine **sank** slowly into the water.
더 써브머륀 쌩크 슬로울리 인투 더 워러r.

14 79 Children are learning **addition** and subtraction.
췰드뤈 아r 러r닝 어디션 앤(드) 써브추뤡션.

14 80 The boy has a violent **temper**.
더 보이 해즈 어 바일런(트) 템퍼r.

☐ way out	☐ smoke	☐ instructor	☐ highlight	☐ value	☐ information
☐ diligent	☐ front	☐ seat	☐ untie	☐ knot	☐ shoelace
☐ guess	☐ outcome	☐ election	☐ completely	☐ ignore	☐ senior
☐ advice	☐ halfway	☐ between	☐ library	☐ submarine	☐ sink
☐ slowly	☐ children	☐ addition	☐ subtraction	☐ violent	☐ temper

14 71 He couldn't find his **way out** because of the smoke.
그는 연기 때문에 출구를 못 찾았다.

14 72 The instructor **highlighted** the value of information.
강사는 정보의 가치를 강조했다.

14 73 A diligent student sat in the front **seat**.
부지런한 학생이 앞 좌석에 앉았다.

14 74 I untied the **knot** of my shoelace.
나는 신발 끈의 매듭을 풀었다.

14 75 We guessed the **outcome** of the election.
우리는 선거 결과를 추측했다.

14 76 She completely **ignored** her senior's advice.
그녀는 선배의 충고를 완전히 무시했다.

14 77 Let's meet **halfway** between the school and the library.
학교와 도서관의 중간에서 만나자.

14 78 The submarine **sank** slowly into the water.
잠수함이 물밑으로 서서히 가라앉았다.

14 79 Children are learning **addition** and subtraction.
아이들이 덧셈과 뺄셈을 배우고 있다.

14 80 The boy has a violent **temper**.
그 소년은 폭력적인 성질을 가지고 있다.

출구	연기	강사	강조하다	가치	정보
부지런한	앞쪽의	좌석	풀다	매듭	신발 끈
추측하다	결과	선거	완전히	무시하다	선배
충고	중간에서	사이의	도서관	잠수함	가라앉다
서서히	아이들	덧셈	뺄셈	폭력적인	성질

14 81
The **hawk** and the eagle are similar birds.
더 호:크 앤(드) 디 이글 아r 씨믈러r 버즈.

14 82
He saw a beam of light in the **darkness**.
히 쏘 어 빔 어브 라잍 인 더 다:r크네쓰.

14 83
She was so depressed that she wanted to be **alone**.
쉬 워즈 쏘우 디프뤠스(트) 댇 쉬 워닡 투 비 얼로운.

14 84
The couple are watching the wedding **recording**.
더 커플 아r 왓췽 더 웨딩 뤼코:r딩.

14 85
One rose **petal** fell on the ground.
원 로우즈 페들 펠 온 더 그롸운드.

14 86
I had no **belief** in his plan.
아이 해드 노우 블리:프 인 히즈 플랜.

14 87
Physics studies the motion of objects.
피직쓰 스터디즈 더 모우션 어브 오브줵츠.

14 88
The student and the teacher **argued** about the theory.
더 스튜든트 앤(드) 더 티:처r 아:r규:드 어바웉 더 띠어뤼.

14 89
He brought the food **properly** at the buffet.
히 브뢇 더 푸드 프롸퍼리 앹 더 버페이.

14 90
Her opinion quite **differs** from mine.
허r 어피니언 쿠와잍 디퍼rz 프뤔 마인.

hawk	eagle	similar	a beam of	light	darkness
depressed	alone	couple	watch	wedding	recording
rose	petal	ground	belief	plan	physics
study	motion	object	argue	theory	bring
properly	buffet	opinion	quite	differ	mine

14 81 The **hawk** and the eagle are similar birds.
매와 독수리는 비슷한 새다.

14 82 He saw a beam of light in the **darkness**.
어둠속에서 그는 한 줄기 빛을 봤다.

14 83 She was so depressed that she wanted to be **alone**.
그녀는 우울해서 혼자 있고 싶어 한다.

14 84 The couple are watching the wedding **recording**.
부부는 결혼식 녹화물을 보고 있다.

14 85 One rose **petal** fell on the ground.
장미의 꽃잎 하나가 땅으로 떨어졌다.

14 86 I had no **belief** in his plan.
나는 그의 계획에 전혀 믿음이 없다.

14 87 **Physics** studies the motion of objects.
물리학은 물체의 운동을 연구한다.

14 88 The student and the teacher **argued** about the theory.
제자와 스승이 이론에 대해서 논쟁한다.

14 89 He brought the food **properly** at the buffet.
그는 뷔페에서 적당히 음식을 가져왔다.

14 90 Her opinion quite **differs** from mine.
그녀의 의견은 나의 것과 상당히 다르다.

매	독수리	비슷한	한 줄기의	빛	어둠
우울한	혼자	부부	보다	결혼식	녹화물
장미	꽃잎	땅	믿음	계획	물리학
연구하다	운동	물체	논쟁하다	이론	가져오다
적당히	뷔페	의견	상당히	다르다	나의 것

14 91 I was so **furious** that I swore to her.
아이 워즈 쏘우 퓨뤼어쓰 댈 아이 스워r 투 허r.

14 92 I **startled** him so he screamed.
아이 스타:r틀드 힘 쏘우 히 스크륌드.

14 93 The man **shaved** his beard with a razor.
더 맨 쉐이브드 히즈 비어r드 위드 어 뤠이저r.

14 94 She lives in the countryside **remote** from the city.
쉬 리브즈 인 더 컨추뤼싸이드 뤼모울 프뤔 더 씨디.

14 95 As you know, the **capital** of Korea is Seoul.
애즈 유 노우, 더 캐피들 어브 코뤼아 이즈 써울.

14 96 These shoes are really **comfortable** to wear.
디즈 슈즈 아r 뤼을리 컴프터블 투 웨어r.

14 97 Humans have a **sense** of touch, taste and vision.
휴먼즈 해브 어 쎈스 어브 터취, 테이스트 앤(드) 비줜.

14 98 I absolutely **disagree** with his opinion.
아이 앱썰룰리 디써그뤼: 위드 히즈 어피니언.

14 99 The actors are very **nervous** right before the show.
디 액터r즈 아r 베뤼 너:r버쓰 롸잍 비포r 더 쑈우.

15 00 He wears **practical** clothes when he works.
히 웨어r즈 프뤡티클 클로우즈 웬 히 웤r쓰.

furious	swear	startle	so	scream	shave
beard	razor	countryside	remote	city	as you know
capital	really	comfortable	wear	human	sense
touch	taste	vision	absolutely	disagree	opinion
actor	nervous	right before	show	practical	clothes

14 91 I was so **furious** that I swore to her.
난 너무 화가 나서 그녀에게 욕했다.

14 92 I **startled** him so he screamed.
내가 그를 놀라게 해서 그는 비명 질렀다.

14 93 The man **shaved** his beard with a razor.
남자는 면도기로 수염을 면도했다.

14 94 She lives in the countryside **remote** from the city.
그녀는 도시에서 멀리 떨어진 시골에 산다.

14 95 As you know, the **capital** of Korea is Seoul.
알다시피 한국의 수도는 서울이다.

14 96 These shoes are really **comfortable** to wear.
이 신발은 신기에 정말 편안하다.

14 97 Humans have a **sense** of touch, taste and vision.
인간은 촉각, 미각, 시각의 감각이 있다.

14 98 I absolutely **disagree** with his opinion.
나는 그의 의견에 전적으로 동의하지 않는다.

14 99 The actors are very **nervous** right before the show.
배우는 공연 바로 전 매우 불안해한다.

15 00 He wears **practical** clothes when he works.
그는 일 할 때는 실용적인 옷을 입는다.

몹시 화난	욕을 하다	놀라게 하다	그래서	소리지르다	면도하다
수염	면도기	시골	멀리 떨어진	도시	알다시피
수도	정말	편안한	신다	인간	감각
촉각	미각	시각	전적으로	동의하지 않다	의견
배우	불안한	바로 전	공연	실용적인	옷

15 01 The prisoners eat **regular** meals.
더 프뤼즈너r즈 잍 뤠귤러r 밀즈.

15 02 He had an **unhappy** childhood.
히 핻 언 언해피 촤일드후드.

15 03 The birth rate has dramatically **increased**.
더 버r쓰 뤠잍 해즈 주롸매티클리 인크뤼:스트.

15 14 She took her English **oral** and written exams.
쉬 퉄 허r 잉글리쉬 오:뤌 앤(드) 뤼튼 이그잼즈.

15 05 He saw a huge **footprint** on the snow.
히 쏘 어 휴쥐 풑프륀트 온 더 스노우.

15 06 She **removed** the stains from her clothes with detergent.
쉬 뤼무:브 더 스테인즈 프뤔 허r 클로우즈 위드 디터r줜트.

15 07 I was **truly** sorry for interrupting her.
아이 워즈 추룰:리 쏘뤼 포r 인터럽팅 허r.

15 08 He bought a ski **outfit** at a department store.
히 밭 어 스키 아울핕 앹 어 디파r트멘트 스토어r.

15 09 She climbed the **skyscraper** with her bare hands.
쉬 클라임(드) 더 스카이스크뤠이퍼r 위드 허r 베어r 핸즈.

15 10 The next TV **broadcast** starts at noon.
더 넥스(트) 티브 브롸:드캐스트 스타r츠 앹 눈.

☐ prisoner	☐ regular	☐ meal	☐ unhappy	☐ childhood	☐ birth rate
☐ dramatically	☐ increase	☐ oral	☐ written	☐ exam	☐ huge
☐ footprint	☐ snow	☐ remove	☐ stain	☐ clothes	☐ detergent
☐ truly	☐ sorry	☐ interrupt	☐ buy	☐ outfit	☐ department
☐ climb	☐ skyscraper	☐ bare	☐ next	☐ broadcast	☐ at noon

15 01
The prisoners eat **regular** meals.
감옥의 죄수들은 규칙적인 식사를 한다.

15 02
He had an **unhappy** childhood.
그는 불행한 어린 시절을 보냈다.

15 03
The birth rate has dramatically **increased**.
출생률이 극적으로 증가했다.

15 14
She took her English **oral** and written exams.
그녀는 영어 구두와 필기시험을 봤다.

15 05
He saw a huge **footprint** on the snow.
그는 눈 속에서 거대한 발자국을 봤다.

15 06
She **removed** the stains from her clothes with detergent.
그녀는 세제로 옷의 얼룩을 제거했다.

15 07
I was **truly** sorry for interrupting her.
나는 그녀를 방해해서 진실로 미안했다.

15 08
He bought a ski **outfit** at a department store.
그는 백화점에서 스키 복장을 샀다.

15 09
She climbed the **skyscraper** with her bare hands.
그녀는 고층건물을 맨손으로 올라갔다.

15 10
The next TV **broadcast** starts at noon.
다음 TV 방송은 정오에 시작한다.

☐ 죄수	☐ 규칙적인	☐ 식사	☐ 불행한	☐ 어린 시절	☐ 출생률
☐ 극적으로	☐ 증가하다	☐ 구두의	☐ 필기의	☐ 시험	☐ 거대한
☐ 발자국	☐ 눈	☐ 제거하다	☐ 얼룩	☐ 옷	☐ 세제
☐ 진실로	☐ 미안한	☐ 방해하다	☐ 사다	☐ 복장	☐ 매장
☐ 기어오르다	☐ 고층 건물	☐ 벌거벗은	☐ 다음의	☐ 방송	☐ 정오에

**15
11** This device will **reduce** air pollution.
디쓰 디바이스 윌 뤼듀:쓰 에어r 펄루션.

**15
12** I can't **recall** his name at all.
아이 캔(트) 뤼콜: 히즈 네임 앨 올.

**15
13** It turns out he's a member of the same **union**.
잍 턴즈 아울 히즈 어 멤버r 어브 더 쎄임 유:니언.

**15
14** Human beings are **political** animals by nature.
휴먼 비잉즈 아r 펄리디클 애니멀즈 바이 네이처r.

**15
15** We **established** an elementary school in the village.
위 이스태블리쉬트 언 엘러멘추뤼 스쿨 인 더 빌리쥐.

**15
16** Drug **abuse** destroys your body and mind.
주뤅 어뷰:스 디스츠로이즈 유어r 바디 앤(드) 마인드.

**15
17** She admitted to his musical **talent**.
쉬 어드미릳 투 히즈 뮤지클 탤런트.

**15
18** I have some reason to **suspect** him.
아이 해브 썸 뤼즌 투 써스펙트 힘.

**15
19** He **finally** finished his English and math homework.
히 파이늘리 피니쉬트 히즈 잉글리쉬 앤 매쓰 호움워r크.

**15
20** **Nobody** knows his real name.
노우바디 노우즈 히즈 뤼을 네임.

device	reduce	pollution	not at all	recall	turn out
member	same	union	human being	political	by nature
establish	elementary	village	drug	abuse	destroy
mind	admit	musical	talent	reason	suspect
finally	finish	math	homework	nobody	real

15 11 This device will **reduce** air pollution.
이 장치가 공기 오염을 줄일 것이다.

15 12 I can't **recall** his name at all.
나는 그의 이름을 전혀 기억할 수 없다.

15 13 It turns out he's a member of the same **union**.
그는 같은 협회의 회원으로 밝혀지다.

15 14 Human beings are **political** animals by nature.
인간은 선천적으로 정치적인 동물이다.

15 15 We **established** an elementary school in the village.
우리는 마을에 초등학교를 설립했다.

15 16 Drug **abuse** destroys your body and mind.
약물 남용은 몸과 마음을 파괴한다.

15 17 She admitted to his musical **talent**.
그녀는 그의 음악적 재능을 인정했다.

15 18 I have some reason to **suspect** him.
내가 그를 의심하는 이유가 좀 있다.

15 19 He **finally** finished his English and math homework.
그는 마침내 영어와 수학숙제를 끝냈다.

15 20 **Nobody** knows his real name.
그의 진짜 이름을 아는 사람이 아무도 없다.

장치	줄이다	오염	전혀 아니다	기억해내다	~으로 밝혀지다
회원	같은	협회	인간	정치적인	선천적으로
설립하다	초등의	마을	약물	남용	파괴하다
마음	인정하다	음악적인	재능	이유	의심하다
마침내	끝내다	수학	숙제	아무도 없다	진짜의

**15
21** The dictionary is **helpful** for studying English.
더 딕셔네뤼 이즈 헬플 포r 스터디잉 잉글리쉬.

**15
22** She wiped her tears with a **handkerchief**.
쉬 와잎트 허r 티어r즈 위드 어 행커r취프.

**15
23** I strongly pushed the cart **forward**.
아이 스추롱리 푸쉬(트) 더 카r트 포:r워r드.

**15
24** There are many unusual **creatures** on Earth.
데어r 아r 메니 언유즈을 크뤼춰r즈 온 어쓰.

**15
25** I like this basketball because it **bounces** well.
아이 라잌 디쓰 베이킽볼 비코:즈 잍 바운스즈 웰.

**15
26** His **noble** sacrifice saved us all.
히즈 노우블 쌔크뤼파이쓰 쎄이브드 어스 올.

**15
27** She started her **career** as a secretary.
쉬 스타r틷 허r 커뤼어r 애즈 어 쎄크뤼테뤼.

**15
28** The police **beat** the suspect's door hard.
더 펄:리쓰 비:트 더 써스펙츠 도어r 하r드.

**15
29** The baby **sucked** his thumb.
더 베이비 썩트 히즈 썸.

**15
30** **Idioms** often have a whole new meaning.
이디엄즈 오:픈 해브 어 호울 뉴 미닝.

☐ dictionary	☐ helpful	☐ wipe	☐ tear	☐ handkerchief	☐ strongly
☐ push	☐ cart	☐ forward	☐ unusual	☐ creature	☐ Earth
☐ basketball	☐ bounce	☐ noble	☐ sacrifice	☐ save	☐ us all
☐ career	☐ as	☐ secretary	☐ beat	☐ suspect	☐ hard
☐ suck	☐ thumb	☐ idiom	☐ often	☐ whole	☐ meaning

15 21 The dictionary is **helpful** for studying English.
사전은 영어를 공부하기 위해서 도움이 된다.

15 22 She wiped her tears with a **handkerchief**.
그녀는 손수건으로 눈물을 닦았다.

15 23 I strongly pushed the cart **forward**.
나는 수레를 앞으로 강하게 밀었다.

15 24 There are many unusual **creatures** on Earth.
지구에는 특이한 생물이 많다.

15 25 I like this basketball because it **bounces** well.
이 농구공은 잘 튀어서 마음에 든다.

15 26 His **noble** sacrifice saved us all.
그의 고귀한 희생이 우리 모두를 구했다.

15 27 She started her **career** as a secretary.
그녀는 비서로서 경력을 쌓기 시작했다.

15 28 The police **beat** the suspect's door hard.
경찰은 용의자의 집을 세게 두드렸다.

15 29 The baby **sucked** his thumb.
갓난아기가 엄지손가락을 빨았다.

15 30 **Idioms** often have a whole new meaning.
숙어는 종종 완전 새로운 의미를 나타낸다.

사전	도움이 되는	닦다	눈물	손수건	강하게
밀다	수레	앞으로	특이한	생물	지구
농구공	튀다	고귀한	희생	구하다	우리 모두
경력	~로서	비서	두드리다	용의자	세계
빨다	엄지손가락	숙어	종종	전체의	의미

15 31 The prince and princess lived **happily** in the castle.
더 프륀쓰 앤(드) 프륀쎄쓰 리브드 해플리 인 더 캐쓸.

15 32 She **overlooked** his serious mistake.
쉬 오우버r룩트 히즈 씨뤼어쓰 미스테익.

15 33 The dormitory's **boarder** pays rent every month.
더 도r미터뤼즈 보:r더r 페이즈 뤤트 에브뤼 먼쓰.

15 34 The **scientist** challenged a new experiment.
더 싸이언티스트 췔린쥐드 어 뉴 익쓰페뤼멘트.

15 35 This **stairway** leads to heaven.
디쓰 스테어r웨이 리즈 투 헤븐.

15 36 There was **nothing** in the room after the thief left.
데어r 워즈 나띵 인 더 루:움 애프터r 더 띠프 레프트.

15 37 We **import** many household goods from China.
위 임포r트 메니 하우스호울드 굳즈 프뤔 촤이나.

15 38 A **loaf** of bread fell off the table.
어 로우프 어브 브뤠드 펠 어프 더 테이블.

15 39 Her plans are quite **attractive**.
허r 플랜즈 아r 쿠와잇 어추뤡티브.

15 40 I was **granted** permission to visit the jail.
아이 워즈 그뤤틷 퍼r미션 투 비짇 더 줴일.

☐ prince	☐ princess	☐ happily	☐ castle	☐ overlook	☐ serious
☐ mistake	☐ dormitory	☐ boarder	☐ rent	☐ scientist	☐ challenge
☐ experiment	☐ stairway	☐ lead to	☐ heaven	☐ nothing	☐ thief
☐ import	☐ household	☐ China	☐ a loaf of	☐ bread	☐ plan
☐ quite	☐ attractive	☐ grant	☐ permission	☐ visit	☐ jail

15 31 The prince and princess lived **happily** in the castle.
왕자와 공주는 성에서 행복하게 살았다.

15 32 She **overlooked** his serious mistake.
그녀는 그의 심각한 실수를 못 본체했다.

15 33 The dormitory's **boarder** pays rent every month.
기숙사의 하숙인은 매달 집세를 낸다.

15 34 The **scientist** challenged a new experiment.
그 과학자는 새 실험에 도전했다.

15 35 This **stairway** leads to heaven.
이 계단은 천국으로 이어져 있다.

15 36 There was **nothing** in the room after the thief left.
도둑이 떠난 후 방에는 아무것도 없었다.

15 37 We **import** many household goods from China.
우린 중국에서 많은 가정용품을 수입한다.

15 38 A **loaf** of bread fell off the table.
한 덩어리의 빵이 탁자에서 떨어졌다.

15 39 Her plans are quite **attractive**.
그녀의 계획은 상당히 매력적이다.

15 40 I was **granted** permission to visit the jail.
난 감옥을 방문할 허가를 승인받았다.

왕자	공주	행복하게	성	못 본 체하다	심각한
실수	기숙사	하숙인	집세	과학자	도전하다
실험	계단	~로 이어지다	천국	아무것도 없다	도둑
수입하다	가정	중국	한 덩어리의	빵	계획
상당히	매력적인	승인하다	허가	방문하다	감옥

**15
41**
His house was burnt **altogether** in the fire.
히즈 하우쓰 워즈 번트 올:투게더r 인 더 파이어r.

**15
42**
She **grinned** at the funny movie.
쉬 그륀드 앳 더 퍼니 무비.

**15
43**
The author has the **copyright** for this book.
디 오:써r 해즈 더 카피롸잍 포r 디쓰 북.

**15
44**
I take special care of **raw** fish in summer.
아이 테잌 스뻬셜 케어r 어브 롸: 피쉬 인 썸머r.

**15
45**
The human body is also a kind of **instrument**.
더 휴먼 바디 이즈 올쏘우 어 카인드 어브 인스추로멘트.

**15
46**
The lights of the **lantern** blinked in the distance.
더 라이츠 어브 더 랜턴 블링트 인 더 디스떤쓰.

**15
47**
Please **inform** me beforehand if you can't attend.
플리즈 인폼: 미 비포r핸드 이프 유 캔(트) 어텐드.

**15
48**
He cut a dead ginkgo tree with a **saw**.
히 컽 어 데드 깅코우 추뤼 위드 어 쏘:.

**15
49**
The flowers in the garden **bloom** in spring.
더 플라워r즈 인 더 가r든 블룸: 인 스프륑.

**15
50**
This factory recycles **trash** in various ways.
디쓰 팩토뤼 뤼싸이클즈 추뤠쉬 인 베뤼어쓰 웨이즈.

burn	altogether	grin	funny	author	copyright
take care of	special	raw	summer	human	also
a kind of	instrument	lantern	blink	distance	inform
beforehand	attend	dead	ginkgo	saw	garden
bloom	spring	factory	recycle	trash	various

15 41 His house was burnt **altogether** in the fire.
그의 집은 화재로 완전히 타버렸다.

15 42 She **grinned** at the funny movie.
그녀는 재밌는 영화를 보고 웃었다.

15 43 The author has the **copyright** for this book.
저자가 이 책의 저작권을 가진다.

15 44 I take special care of **raw** fish in summer.
난 여름엔 날 것의 생선을 특별 관리한다.

15 45 The human body is also a kind of **instrument**.
사람의 몸도 일종의 악기다.

15 46 The lights of the **lantern** blinked in the distance.
저 멀리서 손전등의 불빛이 깜박거렸다.

15 47 Please **inform** me beforehand if you can't attend.
참석하지 못하면 사전에 알려주세요.

15 48 He cut a dead ginkgo tree with a **saw**.
그는 죽은 은행나무를 톱으로 잘랐다.

15 49 The flowers in the garden **bloom** in spring.
봄에는 정원의 꽃들이 핀다.

15 50 This factory recycles **trash** in various ways.
이 공장은 다양한 방법으로 쓰레기를 재활용한다.

태우다	완전히	웃다	재밌는	저자	저작권
관리하다	특별한	날것의	여름	사람의	또한
일종의	악기	손전등	깜박거리다	먼 곳	알리다
사전에	참석하다	죽은	은행나무	톱	정원
꽃이 피다	봄	공장	재활용하다	쓰레기	다양한

15 51 Sometimes **quantity** is more important than quality.
썸타임즈 쿠완터티 이즈 모어r 임포r턴(트) 댄 쿠알러티.

15 52 **Frost** builds on the windows in the cold winter.
프롸:스트 빌즈 온 더 윈도우즈 인 더 코울드 윈터r.

15 53 Currently half of the treasure map is **missing**.
커뤈리 해프 어브 더 추뤠줘r 맾 이즈 미씽.

15 54 The unicorn is the sacred animal of **imagination**.
더 유니콘 이즈 더 쎄이크뤧 애니멀 어브 이매쥐네이션.

15 55 I **apologized** that I failed to keep the appointment.
아이 어팔러좌이즌 댙 아이 페일(드) 투 킾 디 어포인(트)멘트.

15 56 Modern people are suffering from **mental** illness.
마런 피쁠 아r 써퍼륑 프뤔 멘틀 일네쓰.

15 57 They **paved** the sidewalk with yellow bricks.
데이 페이브(드) 더 싸이드워크 위드 옐로우 브뤽쓰.

15 58 The **tailor** cut the cloth to make a suit.
더 테일러r 컽 더 클로우쓰 투 메이크 어 수:트.

15 59 The **wizard** waved a magic wand.
더 위저r드 웨이브드 어 매쥑 완드.

15 60 A **country** is composed of its people and land.
어 컨추뤼 이즈 컴포우즈드 어브 잇츠 피쁠 앤 랜드.

sometimes	quantity	quality	frost	build	currently
treasure	map	missing	unicorn	sacred	imagination
apologize	fail	appointment	modern	suffer from	mental
illness	pave	sidewalk	tailor	cloth	suit
wizard	wave	wand	country	compose	land

15 51 Sometimes **quantity** is more important than quality.
때때로 양이 질보다 더 중요하다.

15 52 **Frost** builds on the windows in the cold winter.
추운 겨울에는 창문에 서리가 쌓인다.

15 53 Currently half of the treasure map is **missing**.
현재 보물 지도의 반쪽이 없어졌다.

15 54 The unicorn is the sacred animal of **imagination**.
유니콘은 상상력의 신성한 동물이다.

15 55 I **apologized** that I failed to keep the appointment.
난 약속을 못 지킨 것을 사과했다.

15 56 Modern people are suffering from **mental** illness.
현대인은 정신의 질병을 앓고 있다.

15 57 They **paved** the sidewalk with yellow bricks.
그들은 인도를 노란 벽돌로 포장했다.

15 58 The **tailor** cut the cloth to make a suit.
재단사는 양복을 만들기 위해 천을 잘랐다.

15 59 The **wizard** waved a magic wand.
마법사는 마법 지팡이를 흔들었다.

15 60 A **country** is composed of its people and land.
한 나라는 사람과 땅으로 구성된다.

때때로	양	질	서리	쌓이다	현재
보물	지도	없어진	유니콘	신성한	상상력
사과하다	하지 못하다	약속	현대의	~을 앓다	정신의
질병	포장하다	인도	재단사	천	양복
마법사	흔들다	지팡이	나라	구성하다	땅

15 61 He's **insured** against cancer for one billion dollars.
히즈 인슈어r드 어겐스트 캔써r 포r 원 빌리언 달러r즈.

15 62 She **blushed** when she saw his picture.
쉬 블러쉬트 웬 쉬 쏘: 히즈 픽처r.

15 63 He is half man and half **beast**.
히 이즈 해프 맨 앤(드) 해프 비:스트.

15 64 The **population** of young people is decreasing.
더 파퓰레이션 어브 영 피쁠 이즈 디크뤼씽.

15 65 There are many **marble** pillars in the palace.
데어r 아r 메니 마r블 필러r즈 인 더 팰러쓰.

15 66 He was a miner who mined **coal** in a cave.
히 워즈 어 마이너r 후 마인드 코울 인 어 케이브.

15 67 My **valuable** memories with her are vivid.
마이 밸류어블 메머뤼즈 위드 허r 아r 비빋.

15 68 The **evil** man cursed at the neighbor.
디 이:블 맨 커r스드 앹 더 네이버r.

15 69 The **proof** of global warming is the melting iceberg.
더 프루:프 어브 글로우벌 워r밍 이즈 더 멜팅 아이쓰버r그.

15 70 They grew up in **completely** different environments.
데이 그로 엎 인 컴플맅:리 디퍼뤈트 인바이뤈멘츠.

☐ insure	☐ against	☐ cancer	☐ billion	☐ blush	☐ beast
☐ population	☐ young	☐ decrease	☐ marble	☐ pillar	☐ palace
☐ miner	☐ mine	☐ coal	☐ cave	☐ valuable	☐ memory
☐ vivid	☐ evil	☐ curse	☐ neighbor	☐ proof	☐ global
☐ warming	☐ melt	☐ iceberg	☐ completely	☐ different	☐ environment

15 61 He's **insured** against cancer for one billion dollars.
그는 암에 대비해서 10억을 보험 들었다.

15 62 She **blushed** when she saw his picture.
그녀는 그의 사진을 보자 빨개졌다.

15 63 He is half man and half **beast**.
그는 반은 사람이고 반은 짐승이다.

15 64 The **population** of young people is decreasing.
젊은 층의 인구가 줄어들고 있다.

15 65 There are many **marble** pillars in the palace.
궁전에는 거대한 대리석 기둥이 많다.

15 66 He was a miner who mined **coal** in a cave.
그는 동굴에서 석탄을 캐는 광부였다.

15 67 My **valuable** memories with her are vivid.
그녀와의 소중한 기억들이 생생하다.

15 68 The **evil** man cursed at the neighbor.
사악한 남자가 이웃에게 저주를 퍼부었다.

15 69 The **proof** of global warming is the melting iceberg.
지구 온난화의 증거는 녹는 빙산이다.

15 70 They grew up in **completely** different environments.
그들은 완전히 다른 환경에서 자랐다.

보험에 들다	대비해서	암	10억	빨개지다	짐승
인구	젊은	감소하다	대리석	기둥	궁전
광부	캐다	석탄	동굴	소중한	기억
생생한	사악한	저주하다	이웃	증거	지구의
따뜻하게 되기	녹다	빙산	완전히	다른	환경

15 71 **Sadly**, the victory isn't mine this time either.
쌔들리, 더 빅토뤼 이즌(트) 마인 디쓰 타임 이더r.

15 72 **Spelling** in English is also difficult for native speakers.
스펠링 인 잉글리쉬 이즈 올쏘우 디피컬트 포r 네이티브 스피커r즈.

15 73 Lemon is the representative of **sour** fruits.
레먼 이즈 더 뤼프뤼젠터티브 어브 싸워r 프루츠.

15 74 The explosion of the **bomb** destroyed the building.
디 엑쓰플로줜 어브 더 밤 디스추로읻 더 빌딩.

15 75 His **mission** is to improve sales.
히즈 미션 이즈 투 임프루브 쎄일즈.

15 76 I prayed for his **recovery**.
아이 프뤠이드 포r 히즈 뤼커버뤼.

15 77 The **pirate** lost his eye and arm in a battle.
더 파이뤗 로스트 히즈 아이 앤(드) 암 인 어 배를.

15 78 Before there was thunder, **lightning** flashed.
비포r 데어 워즈 썬더r, 라이트닝 플래쉬트.

15 79 The **shopkeeper** suspected him to be the pickpocket.
더 샵키:퍼r 써스펙틷 힘 투 비 더 픽파킽.

15 80 He stayed in America over a long **term** of years.
히 스테이드 인 어메뤼카 오우바r 어 롱 텀: 어브 이어r즈.

sadly	victory	mine	either	spell	also
native	speaker	representative	sour	fruit	explosion
bomb	destroy	mission	improve	pray	recovery
pirate	arm	battle	thunder	lightning	flash
shopkeeper	suspect	pickpocket	stay	America	term

132

**15
71**
Sadly, the victory isn't mine this time either.
슬프게도 이번에도 역시 승리는 나의 것이 아니다.

**15
72**
Spelling in English is also difficult for native speakers.
영어 철자법은 원어민에게도 또한 어렵다.

**15
73**
Lemon is the representative of **sour** fruits.
레몬은 시큼한 과일의 대표 격이다.

**15
74**
The explosion of the **bomb** destroyed the building.
폭탄의 폭발로 건물이 무너졌다.

**15
75**
His **mission** is to improve sales.
그의 임무는 판매를 개선하는 것이다.

**15
76**
I prayed for his **recovery**.
나는 그의 회복을 위해 기도했다.

**15
77**
The **pirate** lost his eye and arm in a battle.
그 해적은 전투에서 눈과 팔을 잃었다.

**15
78**
Before there was thunder, **lightning** flashed.
천둥이 치기 전 번개가 번쩍했다.

**15
79**
The **shopkeeper** suspected him to be the pickpocket.
가게주인은 그를 소매치기로 의심했다.

**15
80**
He stayed in America over a long **term** of years.
그는 수년의 기간에 걸쳐서 미국에 머물렀다.

☐ 슬프게도	☐ 승리	☐ 나의 것	☐ 역시	☐ 철자를 쓰다	☐ 또한
☐ 태어난 곳의	☐ 말하는 사람	☐ 대표	☐ 시큼한	☐ 과일	☐ 폭발
☐ 폭탄	☐ 파괴하다	☐ 임무	☐ 개선하다	☐ 기도하다	☐ 회복
☐ 해적	☐ 팔	☐ 전투	☐ 천둥	☐ 번개	☐ 번쩍이다
☐ 가게주인	☐ 의심하다	☐ 소매치기	☐ 머물다	☐ 미국	☐ 기간

15 81 The wizard **created** the monster with magic.
더 위자r드 크뤼에이릳 더 만스터r 위드 매쥑.

15 82 She is an **Italian** woman from Italy.
쉬 이즈 언 이탤리언 워먼 프뤔 이틀리.

15 83 The spectators rested in the **shade** of the tree.
더 스펙테이러r즈 뤠스틷 인 더 쉐이드 어브 더 추뤼.

15 84 Members of the **society** have duties and rights.
멤버r즈 어브 더 써싸이어티 해브 듀디즈 앤(드) 롸이츠.

15 85 The **gardener** trims the plants on the fence.
더 가:r드너r 추뤼즈 더 플랜츠 온 더 펜쓰.

15 86 He magically disguised himself with a **mustache**.
히 매쥐클리 디쓰가이즈드 힘쎌프 위드 어 머스태쉬.

15 87 Her **surname**, Kim, is common in Korea.
허r 써:r네임, 킴, 이즈 커먼 인 코뤼아.

15 88 I aimed at the target and pulled the **trigger**.
아이 에임드 앹 더 타r겥 앤(드) 풀(드) 더 추뤼거r.

15 89 He removed the blade **scar** on his face.
히 뤼무브(드) 더 블레이드 스카:r 온 히즈 페이쓰.

15 90 A wedding **feast** was held in the hall after the ceremony.
어 웨딩 피:스트 워즈 헬드 인 더 홀 애프터r 더 쎄뤄모우니.

☐ wizard	☐ create	☐ monster	☐ magic	☐ Italian	☐ woman
☐ Italy	☐ spectator	☐ rest	☐ shade	☐ society	☐ duty
☐ right	☐ gardener	☐ trim	☐ plant	☐ magically	☐ disguise
☐ mustache	☐ surname	☐ common	☐ aim	☐ target	☐ pull
☐ trigger	☐ remove	☐ blade	☐ scar	☐ feast	☐ ceremony

15 81 The wizard **created** the monster with magic.
마법사가 마법으로 괴물을 창조했다.

15 82 She is an **Italian** woman from Italy.
그녀는 이탈리아에서 온 이탈리아의 여자다.

15 83 The spectators rested in the **shade** of the tree.
구경꾼은 나무의 그늘에서 쉬었다.

15 84 Members of the **society** have duties and rights.
사회의 구성원은 의무들과 권리들을 가진다.

15 85 The **gardener** trims the plants on the fence.
정원사는 울타리의 식물을 다듬는다.

15 86 He magically disguised himself with a **mustache**.
그는 코밑수염으로 마술같이 변장했다.

15 87 Her **surname**, Kim, is common in Korea.
그녀의 성인 김은 한국에서 흔하다.

15 88 I aimed at the target and pulled the **trigger**.
나는 목표물을 겨냥해서 방아쇠를 당겼다.

15 89 He removed the blade **scar** on his face.
그는 얼굴의 칼의 흉터를 제거했다.

15 90 A wedding **feast** was held in the hall after the ceremony.
결혼식 잔치가 예식 후 홀에서 열렸다.

☐ 마법사	☐ 창조하다	☐ 괴물	☐ 마법	☐ 이탈리아의	☐ 여자
☐ 이탈리아	☐ 구경꾼	☐ 쉬다	☐ 그늘	☐ 사회	☐ 의무
☐ 권리	☐ 정원사	☐ 다듬다	☐ 식물	☐ 마술같이	☐ 변장하다
☐ 코밑수염	☐ 성	☐ 흔한	☐ 겨냥하다	☐ 목표물	☐ 당기다
☐ 방아쇠	☐ 제거하다	☐ 칼날	☐ 흉터	☐ 잔치	☐ 예식

15 91 The **passengers** got off the bus in order.
더 패씬줘r즈 갓 어프 더 버쓰 인 오r더r.

15 92 Rice or wheat is a major type of **grain**.
롸이쓰 오어r 위트 이즈 어 메이줘r 타잎 어브 그뤠인.

15 93 When **hydrogen** and oxygen meet, it becomes water.
웬 하이주뤄줸 앤(드) 악씨줜 밑, 잍 비컴즈 워러r.

15 94 He is delivering rice bags with a **van**.
히 이즈 들리버륑 롸이쓰 백즈 위드 어 뺀.

15 95 The shepherd made a fence out of **logs**.
더 쉐퍼r드 메이드 어 펜쓰 아울 어브 록:즈.

15 96 I chose a **brand-new** car rather than a used car.
아이 초우즈 어 브뤤(드)-뉴 카r 롸더r 댄 어 유즈드 카r.

15 97 The demon appeared making a **terrifying** sound.
더 디먼 어피어r드 메이킹 어 테뤄파잉 싸운드.

15 98 The novelist wants to write an **essay** someday.
더 나:블리스트 원츠 투 롸이트 언 에쎄이 썸데이.

15 99 I **considered** his living situation deeply.
아이 컨씨더r드 히즈 리빙 시추에이션 디플리.

16 00 She clearly **refused** his proposal.
쉬 클리어r리 뤼퓨:즈드 히즈 프러포우즐.

passenger	get off	order	rice	wheat	major
grain	hydrogen	oxygen	become	deliver	van
shepherd	log	choose	brand-new	rather than	a used car
demon	appear	terrifying	novelist	essay	someday
consider	situation	deeply	clearly	refuse	proposal

15 91 The **passengers** got off the bus in order.
승객이 버스에서 순서대로 내렸다.

15 92 Rice or wheat is a major type of **grain**.
쌀이나 밀은 주요한 곡물의 한 종류다.

15 93 When **hydrogen** and oxygen meet, it becomes water.
수소와 산소가 만나서 물이 된다.

15 94 He is delivering rice bags with a **van**.
그는 승합차로 쌀자루를 배달하고 있다.

15 95 The shepherd made a fence out of **logs**.
양치기는 통나무로 울타리를 만들었다.

15 96 I chose a **brand-new** car rather than a used car.
나는 중고차보다 신품의 차를 골랐다.

15 97 The demon appeared making a **terrifying** sound.
무서운 소리와 함께 악마가 나타났다.

15 98 The novelist wants to write an **essay** someday.
그 소설가는 언젠가 수필을 쓰기 원한다.

15 99 I **considered** his living situation deeply.
나는 그의 생활 처지를 깊이 고려했다.

16 00 She clearly **refused** his proposal.
그녀는 그의 청혼을 분명하게 거절했다.

승객	내리다	순서	쌀	밀	주요한
곡물	수소	산소	되다	배달하다	승합차
양치기	통나무	고르다	신품의	~보다는	중고차
악마	나타나다	무서운	소설가	수필	언젠가
고려하다	처지	깊이	분명하게	거절하다	청혼

표제어 리뷰 테스트

MP3 듣기

01	insect	21	icy	41	passerby	61	discuss	81	hawk
02	largely	22	post	42	obtain	62	owner	82	darkness
03	pale	23	struggle	43	junior	63	overcome	83	alone
04	squeeze	24	record	44	memorial	64	disappointing	84	recording
05	hut	25	meaning	45	herb	65	scholar	85	petal
06	fairy tale	26	mimic	46	text	66	drill	86	belief
07	settle	27	jealousy	47	gather	67	vocabulary	87	physics
08	secretary	28	statue	48	staple	68	tortoise	88	argue
09	slice	29	flood	49	growl	69	folk	89	properly
10	bald	30	alarm	50	curved	70	growth	90	differ
11	daylight	31	salary	51	silk	71	way out	91	furious
12	trade	32	factor	52	fairy	72	highlight	92	startle
13	auditorium	33	fresh	53	monthly	73	seat	93	shave
14	cultivate	34	greed	54	although	74	knot	94	remote
15	appetite	35	insist	55	pilgrim	75	outcome	95	capital
16	pitch	36	responsible	56	British	76	ignore	96	comfortable
17	trial	37	drown	57	carpenter	77	halfway	97	sense
18	emphasize	38	manage	58	backache	78	sink	98	disagree
19	certain	39	disorder	59	bend	79	addition	99	nervous
20	manager	40	vet	60	boil	80	temper	00	practical

표제어 리뷰 테스트

MP3 듣기

01 regular	21 helpful	41 altogether	61 insure	81 create
02 unhappy	22 handkerchief	42 grin	62 blush	82 Italian
03 increase	23 forward	43 copyright	63 beast	83 shade
04 oral	24 creature	44 raw	64 population	84 society
05 footprint	25 bounce	45 instrument	65 marble	85 gardener
06 remove	26 noble	46 lantern	66 coal	86 mustache
07 truly	27 career	47 inform	67 valuable	87 surname
08 outfit	28 beat	48 saw	68 evil	88 trigger
09 skyscraper	29 suck	49 bloom	69 proof	89 scar
10 broadcast	30 idiom	50 trash	70 completely	90 feast
11 reduce	31 happily	51 quantity	71 sadly	91 passenger
12 recall	32 overlook	52 frost	72 spelling	92 grain
13 union	33 boarder	53 missing	73 sour	93 hydrogen
14 political	34 scientist	54 imagination	74 bomb	94 van
15 establish	35 stairway	55 apologize	75 mission	95 log
16 abuse	36 nothing	56 mental	76 recovery	96 brand-new
17 talent	37 import	57 pave	77 pirate	97 terrifying
18 suspect	38 loaf	58 tailor	78 lightning	98 essay
19 finally	39 attractive	59 wizard	79 shopkeeper	99 consider
20 nobody	40 grant	60 country	80 term	00 refuse

정답

01	벌레	21	얼음같이 찬	41	행인	61	토론하다	81	매
02	대체로	22	기둥	42	얻다	62	주인	82	어둠
03	창백한	23	투쟁하다	43	후배	63	극복하다	83	혼자
04	짜다	24	기록	44	기념비	64	실망스러운	84	녹화물
05	오두막	25	의미	45	약초	65	학자	85	꽃잎
06	동화	26	모방하다	46	글	66	훈련	86	믿음
07	해결하다	27	질투	47	모이다	67	단어	87	물리학
08	비서	28	조각상	48	ㄷ자 철심	68	거북이	88	논쟁하다
09	썰다	29	홍수	49	으르렁 거리다	69	민간의	89	적당히
10	대머리의	30	경고	50	굽은	70	성장	90	다르다
11	햇빛	31	월급	51	비단	71	출구	91	몹시 화난
12	무역	32	요인	52	요정	72	강조하다	92	놀라게 하다
13	강당	33	신선한	53	매달의	73	좌석	93	면도하다
14	경작하다	34	욕심	54	비록~일지라도	74	매듭	94	멀리 떨어진
15	식욕	35	주장하다	55	순례자	75	결과	95	수도
16	던지다	36	책임이 있는	56	영국의	76	무시하다	96	편안한
17	재판	37	익사하다	57	목수	77	중간에서	97	감각
18	강조하다	38	처리하다	58	요통	78	가라앉다	98	동의하지 않다
19	확실한	39	엉망	59	구부리다	79	덧셈	99	불안한
20	관리자	40	수의사	60	끓이다	80	성질	00	실용적인

정답

01	규칙적인	21	도움이 되는	41	완전히	61	보험에 들다	81	창조하다
02	불행한	22	손수건	42	웃다	62	빨개지다	82	이탈리아의
03	증가하다	23	앞으로	43	저작권	63	짐승	83	그늘
04	구두의	24	생물	44	날것의	64	인구	84	사회
05	발자국	25	튀다	45	악기	65	대리석	85	정원사
06	제거하다	26	고귀한	46	손전등	66	석탄	86	코밑수염
07	진실로	27	경력	47	알리다	67	소중한	87	성
08	복장	28	두드리다	48	톱	68	사악한	88	방아쇠
09	고층건물	29	빨다	49	꽃이 피다	69	증거	89	흉터
10	방송	30	숙어	50	쓰레기	70	완전히	90	잔치
11	줄이다	31	행복하게	51	양	71	슬프게도	91	승객
12	기억해내다	32	못 본체하다	52	서리	72	철자법	92	곡물
13	협회	33	하숙인	53	없어진	73	시큼한	93	수소
14	정치적인	34	과학자	54	상상력	74	폭탄	94	승합차
15	설립하다	35	계단	55	사과하다	75	임무	95	통나무
16	남용	36	아무것도 없다	56	정신의	76	회복	96	신품의
17	재능	37	수입하다	57	포장하다	77	해적	97	무서운
18	의심하다	38	덩어리	58	재단사	78	번개	98	수필
19	마침내	39	매력적인	59	마법사	79	가게주인	99	고려하다
20	아무도 없다	40	승인하다	60	나라	80	기간	00	거절하다

081일
-
090일

09장

영어공부 잘하는 법

16 01 The farmers were **thankful** for the fall harvest.
더 파r머r즈 워r 땡플 포r 더 폴 하r베스트.

16 02 Seals find their prey with their long **whiskers**.
씰즈 파인(드) 데어r 프뤠이 위드 데어r 롱 위스커즈.

16 03 The gallery **exhibited** a painter's painting.
더 갤러뤼 익지비릳 어 페인터r즈 페인팅.

16 04 She **certainly** agreed with my opinion.
쉬 써:r튼리 어그뤼드 위드 마이 어피니언.

16 05 He hammered a nail onto a thick **board**.
히 해머r드 어 네일 온투 어 씩 보:r드.

16 06 Try **binoculars** before buying a telescope.
추롸이 버나큘러r즈 비포r 바잉 어 텔러스코웊.

16 07 She has a pretty **coral** necklace.
쉬 해즈 어 프뤼티 코:뤌 네클레쓰.

16 08 He **consulted** a broker to buy a house.
히 컨썰틷 어 브로우커r 투 바이 어 하우쓰.

16 09 I dragged a **suitcase** around the airport.
아이 주랙드 어 쑤:웉케이쓰 어롸운(드) 디 에어r포rr트.

16 10 Someone **tapped** on her room late at night.
썸원 탭트 온 허r 루:움 레잍 앹 나잍.

☐ farmer	☐ thankful	☐ fall	☐ harvest	☐ seal	☐ prey
☐ whisker	☐ gallery	☐ exhibit	☐ painting	☐ certainly	☐ agree
☐ opinion	☐ hammer	☐ nail	☐ onto	☐ thick	☐ board
☐ binoculars	☐ telescope	☐ coral	☐ necklace	☐ consult	☐ broker
☐ drag	☐ suitcase	☐ airport	☐ someone	☐ tap	☐ late

16 01 The farmers were **thankful** for the fall harvest.
농부들이 가을 수확에 감사했다.

16 02 Seals find their prey with their long **whiskers**.
물개들은 긴 콧수염으로 먹이를 찾는다.

16 03 The gallery **exhibited** a painter's painting.
미술관은 화가의 그림을 전시했다.

16 04 She **certainly** agreed with my opinion.
그녀는 확실히 나의 의견에 동의했다.

16 05 He hammered a nail onto a thick **board**.
그가 두꺼운 판자에 망치로 못을 박았다.

16 06 Try **binoculars** before buying a telescope.
망원경을 사기 전에 쌍안경을 써봐라.

16 07 She has a pretty **coral** necklace.
그녀는 예쁜 산호 목걸이를 하고 있다.

16 08 He **consulted** a broker to buy a house.
그는 집을 사려고 중개인과 상의했다.

16 09 I dragged a **suitcase** around the airport.
나는 공항에서 여행 가방을 끌고 다녔다.

16 10 Someone **tapped** on her room late at night.
늦은 밤 누군가 그녀의 방을 두드렸다.

농부	감사하는	가을	수확	물개	먹이
콧수염	미술관	전시하다	그림	확실히	동의하다
의견	망치	못	~위에	두꺼운	판자
쌍안경	망원경	산호	목걸이	상의하다	중개인
끌고 가다	여행 가방	공항	누군가	두드리다	늦은

16
11
Nobody solved this problem **besides** me.
노우바리 쌀브(드) 디쓰 프롸블럼 비싸이즈 미.

16
12
He **mended** a broken tricycle.
히 멘딛 어 보로우큰 추롸이씨클.

16
13
He plays soccer well for a **beginner**.
히 플레이즈 싸커r 웰 포r 어 비기너r.

16
14
There is a plant that eats insects on that **island**.
데어r 이즈 어 플랜(트) 댇 이츠 인쎅츠 온 댙 아일런드.

16
15
A zebra has fancy **stripes**.
어 지브롸 해즈 팬씨 스추롸잎쓰.

16
16
The conference didn't **progress** any more.
더 컨퍼뤈쓰 디든(트) 프롸그뤠쓰 에니 모어r.

16
17
I don't know **whether** it is raining or not.
아이 도운(트) 노우 웨더r 잍 이즈 뤠이닝 오어r 낱.

16
18
He **tends** to easily trust others.
히 텐즈 투 이즐리 추뤄스트 아더r즈.

16
19
The novel shows the **lack** of imagination.
더 나블 쑈우즈 더 랙 어브 이메쥐네이션.

16
20
My country is an independent democratic **republic**.
마이 컨추뤼 이즈 언 인디펜던트 데머크뤠릭 뤼퍼블릭.

☐ nobody	☐ solve	☐ problem	☐ besides	☐ mend	☐ broken
☐ tricycle	☐ soccer	☐ beginner	☐ plant	☐ insect	☐ island
☐ zebra	☐ fancy	☐ stripe	☐ conference	☐ not any more	☐ progress
☐ whether	☐ tend	☐ easily	☐ trust	☐ others	☐ novel
☐ lack	☐ imagination	☐ country	☐ independent	☐ democratic	☐ republic

16 11 <u>Nobody</u> solved <u>this problem</u> **besides** <u>me</u>.
나 외에 이 문제를 푼 사람이 없었다.

16 12 <u>He</u> **mended** <u>a broken tricycle</u>.
그는 고장이 난 세발자전거를 수선했다.

16 13 <u>He plays soccer</u> well <u>for a</u> **beginner**.
그는 초보자치고는 축구를 잘한다.

16 14 <u>There is a plant</u> that <u>eats insects</u> on that **island**.
그 섬에는 벌레를 잡아먹는 식물이 있다.

16 15 <u>A zebra has fancy</u> **stripes**.
얼룩말은 화려한 줄무늬를 가지고 있다.

16 16 <u>The conference</u> didn't **progress** <u>any more</u>.
회의가 더 이상 진전되지 못했다.

16 17 <u>I don't know</u> **whether** <u>it is raining or not</u>.
나는 비가 오는 것인지 아닌지 모른다.

16 18 <u>He</u> **tends** to easily trust <u>others</u>.
그는 다른 사람을 쉽게 믿는 경향이 있다.

16 19 <u>The novel shows the</u> **lack** <u>of imagination</u>.
그 소설은 상상력의 부족이 보인다.

16 20 <u>My country is an independent democratic</u> **republic**.
우리나라는 독립한 민주 공화국이다.

☐ 아무도 없다	☐ 풀다	☐ 문제	☐ ~외에	☐ 수선하다	☐ 고장난
☐ 세발자전거	☐ 축구	☐ 초보자	☐ 식물	☐ 벌레	☐ 섬
☐ 얼룩말	☐ 화려한	☐ 줄무늬	☐ 회의	☐ 더 이상 아니다	☐ 진전되다
☐ ~인지 아닌지	☐ 경향이 있다	☐ 쉽게	☐ 믿다	☐ 다른 사람들	☐ 소설
☐ 부족	☐ 상상력	☐ 나라	☐ 독립한	☐ 민주적인	☐ 공화국

16 21
He's **diligent** enough to wake up early in the morning.
히즈 딜리줜(트) 이너프 투 웨이크 엎 어얼r리 인 더 모r닝.

16 22
The clerk cleared the box blocking the **aisle**.
더 클러r크 클리어r(드) 더 박쓰 블라킹 디 아일.

16 23
The **scary** monsters surrounded him.
더 스케뤼 만스터r즈 써롸운딛 힘.

16 24
The king gathered the soldiers to protect his **domain**.
더 킹 개더r(드) 더 쏘울줘r쓰 투 프러텍(트) 히즈 도우메인.

16 25
The enemy's military attack started at **dawn**.
디 에너미즈 밀리테뤼 어택 스타r틷 앨 돈:.

16 26
She deposited the jewel **safely** in the bank.
쉬 디파지티드 더 주월 쎄이플리 인 더 뱅크.

16 27
We measured the **weight** of the stone on a scale.
위 메줘r(드) 더 웨이트 어브 더 스토운 온 어 스케일.

16 28
Extinguishing the fire is the most **urgent** thing.
익쓰팅구이슁 더 파이어r 이즈 더 모우스트 어r줜(트) 띵.

16 29
He **lifted** the heavy rocks with all of his might.
히 리프틷 더 헤비 롹쓰 위드 올 어브 히즈 마이트.

16 30
A terrible war has **destroyed** peace.
어 테뤼블 우워r 해즈 디쓰추로읻 피쓰.

☐ diligent	☐ enough to~	☐ wake up	☐ clerk	☐ clear	☐ block
☐ aisle	☐ scary	☐ surround	☐ gather	☐ soldier	☐ protect
☐ domain	☐ enemy	☐ military	☐ attack	☐ dawn	☐ deposit
☐ jewel	☐ safely	☐ measure	☐ weight	☐ scale	☐ extinguish
☐ urgent	☐ lift	☐ might	☐ terrible	☐ destroy	☐ peace

16 21 He's **diligent** enough to wake up early in the morning.
그는 충분히 근면해서 아침에 일찍 일어난다.

16 22 The clerk cleared the box blocking the **aisle**.
점원이 통로를 막고 있는 상자를 치웠다.

16 23 The **scary** monsters surrounded him.
무서운 괴물들이 그를 삥 둘러쌌다.

16 24 The king gathered the soldiers to protect his **domain**.
왕은 영토를 지키려고 병사들을 모았다.

16 25 The enemy's military attack started at **dawn**.
적의 군사공격이 새벽에 시작되었다.

16 26 She deposited the jewel **safely** in the bank.
그녀는 보석을 안전하게 은행에 맡겼다.

16 27 We measured the **weight** of the stone on a scale.
우리는 저울로 돌의 무게를 쟀다.

16 28 Extinguishing the fire is the most **urgent** thing.
불을 끄는 것이 제일 긴급한 일이다.

16 29 He **lifted** the heavy rocks with all of his might.
그는 온 힘으로 무거운 바위를 들었다.

16 30 A terrible war has **destroyed** peace.
끔찍한 전쟁이 평화를 파괴했다.

☐ 근면한	☐ ~하기에 충분한	☐ 일어나다	☐ 점원	☐ 치우다	☐ 막다
☐ 통로	☐ 무서운	☐ 둘러싸다	☐ 모으다	☐ 군인	☐ 지키다
☐ 영토	☐ 적	☐ 군사의	☐ 공격	☐ 새벽	☐ 맡기다
☐ 보석	☐ 안전하게	☐ 재다	☐ 무게	☐ 저울	☐ 끄다
☐ 긴급한	☐ 들어 올리다	☐ 힘	☐ 끔찍한	☐ 파괴하다	☐ 평화

16 31 **Blocks** of stone fell off the cliff with a clatter.
블락쓰 어브 스토운 펠 어프 더 클리프 위드 어 클래러r.

16 32 She talked as if she knew **everything**.
쉬 톡트 애즈 이프 쉬 뉴 에브뤼띵.

16 33 The plane **collided** on the runway with a thud.
더 플레인 컬라이딛 온 더 뤈웨이 위드 어 써드.

16 34 The cause of the fire is still **unknown**.
더 코:즈 어브 더 파이어r 이즈 스틸 언노운.

16 35 She has fully **achieved** this year's goal.
쉬 해즈 풀리 어취:브(드) 디쓰 이어r즈 고울.

16 36 That student is especially good at the **main** subjects.
댙 스튜든트 이즈 이스페셜리 굳 앹 더 메인 써브줵츠.

16 37 I added a **bit** of seasoning to the side dish.
아이 애딛 어 빝 어브 씨즈닝 투 더 싸이(드) 디쉬.

16 38 The company set up a **strategy** to sell products.
더 컴뻐니 셑 엎 어 스추뤠터쥐 투 쎌 프롸덕츠.

16 39 There is no **vacant** room at this hotel today.
데어r 이즈 노우 베이컨(트) 룸 앹 디쓰 호우텔 투데이.

16 40 She heard the **thunder** from a distance.
쉬 허r(드) 더 썬더r 프뤔 어 디스떤쓰.

block	cliff	clatter	as if~	everything	plane
collide	runway	with a thud	cause	still	unknown
fully	achieve	goal	be good at	especially	main
subject	add	a bit of	seasoning	side dish	set up
strategy	product	vacant	today	thunder	distance

16 31 <u>**Blocks** of stone fell off the cliff with a clatter.</u>
돌 덩어리들이 절벽에서 덜거덕 소리를 내면서 떨어졌다.

16 32 <u>She talked as if she knew **everything**.</u>
그녀는 모든 것을 아는 것처럼 말했다.

16 33 <u>The plane **collided** on the runway with a thud.</u>
비행기가 활주로에서 쿵 하고 충돌했다.

16 34 <u>The cause of the fire is still **unknown**.</u>
화재의 원인은 아직도 알려지지 않았다.

16 35 <u>She has fully **achieved** this year's goal.</u>
그녀는 올해 목표를 충분히 달성했다.

16 36 <u>That student is especially good at the **main** subjects.</u>
저 학생은 특히 주요한 과목을 잘 한다.

16 37 <u>I added a **bit** of seasoning to the side dish.</u>
나는 반찬에 양념을 조금 첨가했다.

16 38 <u>The company set up a **strategy** to sell products.</u>
회사는 상품을 팔 전략을 세웠다.

16 39 <u>There is no **vacant** room at this hotel today.</u>
오늘 이 호텔에 비어있는 방이 없다.

16 40 <u>She heard the **thunder** from a distance.</u>
그녀는 멀리서 천둥소리를 들었다.

덩어리	절벽	덜거덕 소리	마치 ~ 처럼	모든 것	비행기
충돌하다	활주로	쿵 하고	원인	아직	알려지지 않은
충분히	달성하다	목표	~을 잘하다	특히	주요한
과목	첨가하다	조금의	양념	반찬	세우다
전략	상품	비어 있는	오늘	천둥소리	먼 곳

16 41 He is looking for **hidden** treasures on the island.
히 이즈 루킹 포r 히든 추뤠줘r즈 온 디 아일랜드.

16 42 Her 6-year-old son goes to **preschool**.
허r 씩스-이어r-오울드 썬 고우즈 투 프뤼:스쿨:.

16 43 The **Illustrator** writes a fairy tale and draws pictures.
디 일러스추뤠이터r 롸이츠 어 페어뤼 테일 앤 주롸즈 픽처r즈.

16 44 The political party conducted a random phone **survey**.
더 펄러티클 파r디 컨덕틷 어 뤤듬 포운 써r베이.

16 45 I still don't **even** know his name.
아이 스틸 도운(트) 이:븐 노우 히즈 네임.

16 46 The **employer** evaluated the worker's abilities.
디 임플로이어r 이벨류에이릳 더 워r커r즈 어빌러티즈.

16 47 I am not **concerned** about the case at all.
아이 엠 낱 컨썬:드 어바웃 더 케이스 앹 올.

16 48 The mortality rate has been **decreasing** since last year.
더 모r탤러디 뤠일 해즈 빈 디크뤼:씽 씬쓰 라스(트) 이어r.

16 49 The **pregnant** woman finally gave birth to a baby.
더 프뤠그넌(트) 워먼 파이늘리 게입 버r쓰 투 어 베이비.

16 50 He washed his hands and feet in the **washroom**.
히 와쉬트 히즈 핸즈 앤(드) 핕 인 더 와쉬루:움.

look for	hidden	treasure	island	6-year-old	preschool
illustrator	fairy tale	draw	political	conduct	random
survey	still	even	employer	evaluate	ability
not at all	concerned	case	mortality	rate	decrease
since	pregnant	finally	give birth	wash	washroom

16 41 He is looking for **hidden** treasures on the island.
그는 섬에서 숨겨진 보물을 찾고 있다.

16 42 Her 6-year-old son goes to **preschool**.
그녀의 6살 아들은 유치원에 다닌다.

16 43 The **Illustrator** writes a fairy tale and draws pictures.
삽화가는 동화를 쓰고 그림을 그린다.

16 44 The political party conducted a random phone **survey**.
정당에서 무작위 전화 조사를 했다.

16 45 I still don't **even** know his name.
나는 아직 그의 이름조차도 모른다.

16 46 The **employer** evaluated the worker's abilities.
고용주는 근로자의 능력을 평가했다.

16 47 I am not **concerned** about the case at all.
그 사건은 나와는 전혀 관계가 없다.

16 48 The mortality rate has been **decreasing** since last year.
지난해 이후로 사망률이 감소하고 있다.

16 49 The **pregnant** woman finally gave birth to a baby.
임신한 여성이 마침내 아기를 출산했다.

16 50 He washed his hands and feet in the **washroom**.
그는 세면장에서 손과 발을 씻었다.

☐ ~을 찾다	☐ 숨겨진	☐ 보물	☐ 섬	☐ 6살의	☐ 유치원
☐ 삽화가	☐ 동화	☐ 그리다	☐ 정치적인	☐ 활동을 하다	☐ 무작위의
☐ 조사	☐ 아직	☐ ~조차도	☐ 고용주	☐ 평가하다	☐ 능력
☐ 전혀 ~아니다	☐ 관계가 있는	☐ 사건	☐ 죽을 운명	☐ 비율	☐ 감소하다
☐ ~이후로	☐ 임신한	☐ 마침내	☐ 출산하다	☐ 씻다	☐ 세면장

16 51 He stared at the opponent's **glowing** eyes.
히 스테어r드 앹 디 어포우넌츠 글로윙 아이즈.

16 52 I believe this evidence is **related** to him.
아이 블리브 디쓰 에비던쓰 이즈 륄레이린 투 힘.

16 53 I looked like an **idiot** when I told the wrong answer.
아이 룩트 라잌 언 이디엍 웬 아이 토울(드) 더 롱 앤써r.

16 54 The Olympic torch **brightened** the opening ceremony.
디 올림픽 토r춰 브롸이튼(드) 디 오우쁘닝 쎄뤄모우니.

16 55 The couple had a **traditional** wedding.
더 커플 핻 어 추뤠디셔늘 웨딩.

16 56 He's **bound** to pass the graduation test this year.
히즈 바운(드) 투 패쓰 더 그뤠주에이션 테스(트) 디쓰 이어r.

16 57 The captain shouted, "All **aboard**."
더 캪튼 샤우틴, "올 어보:r드"

16 58 Some people are swimming **beyond** the safety line.
썸 피쁠 아r 스위밍 비얀:(드) 더 쎄이프티 라인.

16 59 She ate apples, pears **etc**. at the party.
쉬 에잍 애플즈, 페어r즈 엩세추롸. 앹 더 파r디.

16 60 The police thoroughly investigated the **crime** scene.
더 펄:리쓰 떠뤌리 인베스터게이린 더 크롸임 씬.

stare	opponent	glowing	believe	evidence	be related to
look like	idiot	wrong	Olympic	torch	brighten
opening	ceremony	traditional	wedding	be bound to	graduation
captain	shout	aboard	some	beyond	safety
pear	etc.	thoroughly	investigate	crime	scene

16 51
He stared at the opponent's **glowing** eyes.
그는 상대편의 불타는 듯한 눈을 응시했다.

16 52
I believe this evidence is **related** to him.
나는 이 증거는 그와 관련이 있다고 믿는다.

16 53
I looked like an **idiot** when I told the wrong answer.
그 틀린 답을 말했을 때 나는 바보처럼 보였다.

16 54
The Olympic torch **brightened** the opening ceremony.
올림픽 성화가 개막식을 밝혔다.

16 55
The couple had a **traditional** wedding.
그 부부는 전통의 결혼식을 했다.

16 56
He's **bound** to pass the graduation test this year.
그는 올해 졸업시험을 통과할 것 같다.

16 57
The captain shouted, "All **aboard**."
선장이 "모두 배에 탑승해"라고 소리쳤다.

16 58
Some people are swimming **beyond** the safety line.
몇 사람이 안전선 너머에서 수영한다.

16 59
She ate apples, pears **etc**. at the party.
그녀는 파티에서 사과, 배 등등을 먹었다.

16 60
The police thoroughly investigated the **crime** scene.
경찰이 범죄의 현장을 철저히 조사했다.

응시하다	상대편	불타는	믿다	증거	~와 관계가 있다
~처럼 보이다	바보	틀린	올림픽	햇불	밝히다
시작 부문의	예식	전통의	결혼식	~할 것 같다	졸업
선장	소리치다	탑승한	몇몇의	~너머에	안전
배	~등등	철저히	조사하다	범죄	현장

16 61
He was too **shy** to raise his hand.
히 워즈 투 샤이 투 뤠이즈 히즈 핸드.

16 62
I wrote her an answer **immediately**.
아이 로울 허r 언 앤써r 이미:디얼리.

16 63
I said goodbye to him at the **entrance**.
아이 쌘 굳바이 투 힘 앹 디 엔추뤤쓰.

16 64
The ghost **vanished** without a sound at dawn.
더 고우스트 배니쉬트 위다울 어 싸운드 앹 돈:.

16 65
He claimed that **quality** is better than quantity.
히 클레임(드) 댙 쿠알러디 이즈 베러r 댄 쿠완터티.

16 66
There are many excellent professors at my **university**.
데어r 아 메니 엑쎌런트 프러페써r즈 앹 마이 유:니버r써디.

16 67
This picture described the mountain's **outline** well.
디쓰 픽춰r 디쓰크롸입(드) 더 마운튼즈 아울라인 웰.

16 68
The detective **captured** the fugitive criminal.
더 디텍티브 캡춰r(드) 더 퓨줘티브 크뤼미늘.

16 69
I felt **fear** at the edge of the cliff.
아이 펠트 피어r 앹 디 엘쥐 어브 더 클리프.

16 70
As far as I know, she is a **talented** artist.
애즈 파r 애즈 아이 노우, 쉬 이즈 어 탤런티드 아r티스트.

too A to B	shy	raise	immediately	goodbye	entrance
ghost	vanish	without	sound	dawn	claim
quality	quantity	excellent	professor	university	describe
mountain	outline	detective	capture	fugitive	criminal
fear	edge	cliff	as far as	talented	artist

16 61 He was too **shy** to raise his hand.
그는 너무 수줍어서 손을 들지 못했다.

16 62 I wrote her an answer **immediately**.
나는 그녀에게 즉시 답장을 썼다.

16 63 I said goodbye to him at the **entrance**.
나는 입구에서 그에게 작별인사했다.

16 64 The ghost **vanished** without a sound at dawn.
유령은 새벽에 소리 없이 사라졌다.

16 65 He claimed that **quality** is better than quantity.
그는 양보다 질이라고 주장했다.

16 66 There are many excellent professors at my **university**.
우리 대학교에는 뛰어난 교수가 많다.

16 67 This picture described the mountain's **outline** well.
이 그림은 산의 윤곽을 잘 묘사했다.

16 68 The detective **captured** the fugitive criminal.
탐정은 도망 다니는 범인을 붙잡았다.

16 69 I felt **fear** at the edge of the cliff.
나는 절벽의 가장자리에서 공포를 느꼈다.

16 70 As far as I know, she is a **talented** artist.
내가 아는 한, 그녀는 유능한 화가다.

☐ 너무 A해서 B못하다	☐ 수줍어하는	☐ 들어올리다	☐ 즉시	☐ 작별인사	☐ 입구
☐ 유령	☐ 사라지다	☐ ~없이	☐ 소리	☐ 새벽	☐ 주장하다
☐ 질	☐ 양	☐ 뛰어난	☐ 교수	☐ 대학교	☐ 묘사하다
☐ 산	☐ 윤곽	☐ 탐정	☐ 붙잡다	☐ 도망 다니는	☐ 범인
☐ 공포	☐ 가장자리	☐ 절벽	☐ ~하는 한	☐ 유능한	☐ 화가

16 71 Both **citizens** and politicians must abide by the law.
보우쓰 씨티즌즈 앤 팔러티션즈 머슽 어바이딛 바이 더 로:.

16 72 **Businessmen** exchange their business cards.
비즈니쓰멘 익스췌인쥐 데어r 비즈니스 카즈.

16 73 The **dancer** danced the tango to the music.
더 댄써r 댄쓰(트) 더 탱고우 투 더 뮤직.

16 74 She **punished** her son who deceived her.
쉬 퍼니쉬트 허r 썬 후 디씨브드 허r.

16 75 The worker placed a light **load** on his shoulder.
더 워r커r 플레이스트 어 라잍 로우드 온 히즈 쑈울더r.

16 76 The plumber let the water flow down the rubber **tube**.
더 플럼버r 렡 더 와러r 플로우 다운 더 뤄버r 튜:웁.

16 77 I **congratulated** her on her passing the exam.
아이 컨그뤠출레이릳 허r 온 허r 패씽 디 이그잼.

16 78 Fill half of this **bucket** with water.
필 해프 어브 디쓰 버킽 위드 워러r.

16 79 There was a **spark** on the wall outlet.
데어r 워즈 어 스파:r크 온 더 월 아울렡.

16 80 She felt severe **stress** before the interview.
쉬 펠트 씨비어r 스추뤠쓰 비포r 디 인터r뷰.

---

both A and B	citizen	politician	abide by	law	businessman
exchange	business	dancer	to the music	punish	deceive
place	load	shoulder	plumber	let	flow
rubber	congratulate	pass	exam	fill	bucket
spark	wall	outlet	severe	stress	interview

16 71 Both **citizens** and politicians must abide by the law.
시민과 정치인 둘 다 법을 지켜야 한다.

16 72 **Businessmen** exchange their business cards.
사업가들은 그들의 명함을 교환한다.

16 73 The **dancer** danced the tango to the music.
무용가가 음악에 맞춰서 탱고를 췄다.

16 74 She **punished** her son who deceived her.
그녀는 그녀를 속인 아들을 벌주었다.

16 75 The worker placed a light **load** on his shoulder.
일꾼이 가벼운 짐을 어깨에 올려놨다.

16 76 The plumber let the water flow down the rubber **tube**.
배관공은 고무 관으로 물을 흘려보냈다.

16 77 I **congratulated** her on her passing the exam.
난 그녀의 시험 통과를 축하했다.

16 78 Fill half of this **bucket** with water.
이 양동이에 물을 반만 채워라.

16 79 There was a **spark** on the wall outlet.
벽에 있는 콘센트에서 불꽃이 있었다.

16 80 She felt severe **stress** before the interview.
그녀는 면접 전에 심한 긴장을 느꼈다.

A와 B 둘 다	시민	정치인	지키다	법	사업가
교환하다	사업	무용가	음악에 맞춰서	벌주다	속이다
놓다	짐	어깨	배관공	~하게 하다	흐르다
고무	축하하다	통과하다	시험	채우다	양동이
불꽃	벽	콘센트	심한	긴장	면접

16 81 The government **charges** taxes according to income.
더 커번멘트 촤:r쥐쓰 택씨즈 어코r딩 투 인컴.

16 82 The chemicals met and started to **react**.
더 케미클즈 멭 앤(드) 스타r틴 투 뤼:액트.

16 83 She put a **bunch** of roses into the vase.
쉬 풑 어 번취 어브 로우지즈 인투 더 베이쓰.

16 84 My **throat** is so sore that it is difficult to swallow food.
마이 쓰로웉 이즈 쏘 쏘어r 댙 잍 이즈 디피컬트 투 스왈로우 푸드.

16 85 The dragon is related much to the **emperor**.
더 주뤠건 이즈 륄레이릳 머취 투 디 엠퍼뤄r.

16 86 The spider web is a **sticky** and strong net.
더 스파이더r 웹 이즈 어 스티키 앤(드) 스추롱 넽.

16 87 This job requires skill and **experience**.
디쓰 좝 뤼쿠와이어r(즈) 스킬 앤(드) 익쓰피뤼언쓰.

16 88 The viper uses **poison** to kill animals.
더 바이퍼r 유지즈 포이즌 투 킬 애니멀즈.

16 89 She and I **belong** to another party.
쉬 앤(드) 아이 빌롱: 투 어나더r 파r디.

16 90 This medicine is so **bitter** that children don't like it.
디쓰 메디쓴 이즈 쏘우 비러r 댙 췰드뤈 도운(트) 라잌 잍.

☐ government	☐ charge	☐ tax	☐ according to	☐ income	☐ chemical
☐ react	☐ a bunch of	☐ vase	☐ throat	☐ sore	☐ swallow
☐ dragon	☐ be related to	☐ emperor	☐ spider	☐ web	☐ sticky
☐ net	☐ job	☐ require	☐ skill	☐ experience	☐ viper
☐ poison	☐ kill	☐ belong to	☐ another	☐ medicine	☐ bitter

16 81 The government **charges** taxes according to income.
정부는 소득에 따라서 세금을 부과한다.

16 82 The chemicals met and started to **react**.
화학 물질이 만나서 반응하기 시작했다.

16 83 She put a **bunch** of roses into the vase.
그녀는 장미 한 다발을 꽃병에 꽂았다.

16 84 My **throat** is so sore that it is difficult to swallow food.
목구멍이 아파서 음식을 삼키기 어렵다.

16 85 The dragon is related much to the **emperor**.
용은 황제와 많은 관련이 있다.

16 86 The spider web is a **sticky** and strong net.
거미줄은 끈적하면서 튼튼한 그물이다.

16 87 This job requires skill and **experience**.
이 일은 기술과 경험을 요구한다.

16 88 The viper uses **poison** to kill animals.
독사는 독을 사용해서 동물들을 죽인다.

16 89 She and I **belong** to another party.
그녀와 나는 다른 정당에 속해 있다.

16 90 This medicine is so **bitter** that children don't like it.
이 약은 너무 쓴맛이 나서 아이들이 싫어한다.

☐ 정부	☐ 부과하다	☐ 세금	☐ ~에 따라서	☐ 소득	☐ 화학 물질
☐ 반응하다	☐ 한 다발의	☐ 꽃병	☐ 목구멍	☐ 아픈	☐ 삼키다
☐ 용	☐ ~와 관계가 있다	☐ 황제	☐ 거미	☐ 망	☐ 끈적거리는
☐ 그물	☐ 일	☐ 요구하다	☐ 기술	☐ 경험	☐ 독사
☐ 독	☐ 죽이다	☐ ~에 속하다	☐ 다른	☐ 약	☐ 쓴맛이 나는

16 91 The movie was **boring** so I fell asleep.
더 무비 워즈 보:륑 쏘우 아이 펠 어슬맆.

16 92 Don't move the statue that is in a **fixed** position.
도운(트) 무브 더 스태추 댇 이즈 인 어 필쓰트 퍼지션.

16 93 I got on the subway because of the heavy **traffic jam**.
아이 갇 온 더 써브웨이 비코:즈 어브 더 헤비 추뤠픽 쥄.

16 94 The **surface** of the marble is very smooth.
더 써:r피쓰 어브 더 마r블 이즈 베뤼 스무쓰.

16 95 The shelter **offered** food to the refugees.
더 쉘터r 아:퍼r드 포드 투 더 뤠퓨쥐즈.

16 96 I dug up the ground **slowly** and carefully.
아이 덕 엎 더 그롸운드 슬로울리 앤(드) 케어r플리.

16 97 Jenny is **keen** to learn about Korean culture.
줴니 이즈 킨: 투 런 어바울 코뤼언 컬춰r.

16 98 The cool wind is **typical** autumn weather.
더 쿨 윈드 이즈 티피클 아:럼 웨더r.

16 99 The ox is pulling the **plow** in the rice field.
디 악쓰 이즈 풀링 더 플라우 인 더 롸이쓰 필드.

17 00 She took a picture with the camera **flash** on.
쉬 툭 어 픽춰r 위드 더 캐므롸 플래쉬 온.

boring	asleep	move	statue	fix	position
subway	heavy	traffic jam	surface	marble	smooth
shelter	offer	refugee	slowly	carefully	keen
learn	culture	cool	typical	autumn	weather
ox	plow	rice	field	picture	flash

16 91 The movie was **boring** so I fell asleep.
그 영화는 지루해서 나는 잠에 빠졌다.

16 92 Don't move the statue that is in a **fixed** position.
고정된 자리에 있는 조각상을 옮기지 마라.

16 93 I got on the subway because of the heavy **traffic jam**.
심한 교통체증때문에 난 지하철을 탔다.

16 94 The **surface** of the marble is very smooth.
대리석의 표면은 매우 매끄럽다.

16 95 The shelter **offered** food to the refugees.
피난처는 피난민들에게 음식을 제공했다.

16 96 I dug up the ground **slowly** and carefully.
느리게 그리고 조심스럽게 난 땅을 팠다.

16 97 Jenny is **keen** to learn about Korean culture.
제니는 한국문화를 배우기를 열망한다.

16 98 The cool wind is **typical** autumn weather.
시원한 바람은 전형적인 가을 날씨다.

16 99 The ox is pulling the **plow** in the rice field.
황소가 논에서 쟁기를 끌고 있다.

17 00 She took a picture with the camera **flash** on.
그녀는 카메라의 불빛으로 사진을 찍었다.

지루한	잠이 든	옮기다	조각상	고정하다	자리
지하철	심한	교통체증	표면	대리석	매끄러운
피난처	제공하다	피난민	느리게	조심스럽게	~을 열망하는
배우다	문화	시원한	전형적인	가을	날씨
황소	쟁기	쌀	들판	사진	불빛

161

17 01
The bank **lent** the company a million dollars.
더 뱅크 렌(트) 더 컴뻐니 어 밀리언 달러r즈.

17 02
Nobody paid **attention** to the truth.
노우바리 페이드 어텐션 투 더 추로쓰.

17 03
He took an **instance** to explain the theory.
히 툭 언 인스떤쓰 투 익쓰플레인 더 띠어뤼.

17 04
They used a **trick** to win.
데이 유즈드 어 추륔 투 윈.

17 05
He bought bread made of **wheat** at the bakery.
히 밭 브뤠드 메이드 어브 위:트 앹 더 베이커뤼.

17 16
The happiness of **ordinary** people is simple.
더 해삐네쓰 어브 오:r디네뤼 피쁠 이즈 씸플.

17 07
The fly is crawling on the **ceiling**.
더 플라이 이즈 크롤링 온 더 씨:일링.

17 08
The tailor **shortened** my pants too much.
더 테일러r 쇼:r튼드 마이 팬츠 투 머취.

17 09
He is a **legendary** general in Korean history.
히 이즈 어 레줸데뤼 줴너뤌 인 코뤼언 히스토뤼.

17 10
She **borrowed** money from the bank to buy a house.
쉬 바로운 머니 프뤔 더 뱅크 투 바이 어 하우쓰.

☐ lend	☐ million	☐ nobody	☐ pay	☐ attention	☐ truth
☐ instance	☐ explain	☐ theory	☐ trick	☐ win	☐ bread
☐ wheat	☐ bakery	☐ happiness	☐ ordinary	☐ people	☐ simple
☐ fly	☐ crawl	☐ ceiling	☐ tailor	☐ shorten	☐ pants
☐ too much	☐ legendary	☐ general	☐ history	☐ borrow	☐ money

17 01 The bank **lent** the company a million dollars.
은행은 그 회사에 백만 달러를 빌려줬다.

17 02 Nobody paid **attention** to the truth.
아무도 진실에 관심을 주지 않았다.

17 03 He took an **instance** to explain the theory.
그는 사례를 들어 이론을 설명했다.

17 04 They used a **trick** to win.
그들은 이기기 위해서 속임수를 썼다.

17 05 He bought bread made of **wheat** at the bakery.
그는 밀로 만든 빵을 빵집에서 샀다.

17 16 The happiness of **ordinary** people is simple.
보통의 사람들의 행복은 소박하다.

17 07 The fly is crawling on the **ceiling**.
파리가 천장에서 기어 다니고 있다.

17 08 The tailor **shortened** my pants too much.
재단사가 내 바지를 너무 많이 줄였다.

17 09 He is a **legendary** general in Korean history.
그는 한국역사에서 전설적인 장군이다.

17 10 She **borrowed** money from the bank to buy a house.
그녀는 은행에서 집 살 돈을 빌렸다.

빌려주다	100만	아무도 없다	~을 표하다	관심	진실
사례	설명하다	이론	속임수	이기다	빵
밀	빵집	행복	보통의	사람들	소박한
파리	기어다니다	천장	재단사	줄이다	바지
너무 많이	전설적인	장군	역사	빌리다	돈

17 11 They conducted **experiments** in the lab.
데이 컨덕틴 익쓰페뤼멘츠 인 더 랩.

17 12 He boasted about his **achievement**.
히 보우쓰틴 어바울 히즈 어취:브멘트.

17 13 I checked the **patient's** chest with a stethoscope.
아이 췍(트) 더 페이션츠 췌스트 위드 어 스테써스코웊.

17 14 He is a great **leader** of the Korean soccer team.
히 이즈 어 그뤠일 리:더r 어브 더 코뤼언 싸커r 티:임.

17 15 Above all, the **core** of a school is its students.
어버브 올, 더 코:어r 어브 어 스쿨 이즈 이츠 스튜든츠.

17 16 She proved the **theory** with an experiment.
쉬 프루브(드) 더 띠:어뤼 위드 언 익쓰페뤼멘트.

17 17 The singers sang the song as a **duet**.
더 씽어r즈 쌩 더 쏭 애즈 어 듀:엘.

17 18 He **earned** money by investing in stocks.
히 언:드 머니 바이 인베스팅 인 스탁쓰.

17 19 The police **accused** him of theft.
더 펄:리쓰 어큐:즈(드) 힘 어브 쎄프트.

17 20 She is a **Japanese** woman from Japan.
쉬 이즈 어 줴퍼니즈 워먼 프뤔 줴팬.

conduct	experiment	lab	boast	achievement	check
patient	chest	stethoscope	great	leader	Korean
soccer	above all	core	prove	theory	singer
sing	song	duet	earn	by ~ing	invest
stock	accuse	theft	Japanese	woman	Japan

164

17 11 They conducted **experiments** in the lab.
그들은 실험실에서 실험을 수행했다.

17 12 He boasted about his **achievement**.
그는 그의 성취를 자랑했다.

17 13 I checked the **patient's** chest with a stethoscope.
나는 청진기로 환자 가슴을 검사했다.

17 14 He is a great **leader** of the Korean soccer team.
그는 한국 축구팀의 훌륭한 지도자다.

17 15 Above all, the **core** of a school is its students.
무엇보다도 학교의 핵심은 학생이다.

17 16 She proved the **theory** with an experiment.
그녀는 실험으로 이론을 증명했다.

17 17 The singers sang the song as a **duet**.
가수들이 이중창으로 노래를 불렀다.

17 18 He **earned** money by investing in stocks.
그는 주식에 투자해서 돈을 벌었다.

17 19 The police **accused** him of theft.
경찰은 그를 절도 혐의로 고소했다.

17 20 She is a **Japanese** woman from Japan.
그녀는 일본에서 온 일본의 여자다.

☐ 수행하다	☐ 실험	☐ 실험실	☐ 자랑하다	☐ 성취	☐ 검사하다
☐ 환자	☐ 가슴	☐ 청진기	☐ 훌륭한	☐ 지도자	☐ 한국의
☐ 축구	☐ 무엇보다도	☐ 핵심	☐ 증명하다	☐ 이론	☐ 가수
☐ 노래하다	☐ 노래	☐ 이중창	☐ 벌다	☐ ~함으로써	☐ 투자하다
☐ 주식	☐ 고소하다	☐ 절도	☐ 일본의	☐ 여자	☐ 일본

087 day Step **1** 발음편

17 21 The ring in the jewelry box **glittered** with the light.
더 륑 인 더 쥬워뤼 박쓰 글리터r드 위드 더 라잍.

17 22 The intense **heat** made him feel dizzy.
디 인텐쓰 히:트 메이드 힘 필 디지.

17 23 She donated her **blood** to the sick person.
쉬 도우네이륻 허r 블럳 투 더 앀 퍼r쓴.

17 24 He covered the rice cake with savory **bean** powder.
히 커버r(드) 더 롸이쓰 케잌 위드 세이버뤼 빈: 파우더r.

17 25 Please feel free to **contact** me at any time.
플리즈 필 프뤼 투 칸택(트) 미 앹 에니 타임.

17 26 He **deleted** her name from the list.
히 딜리:틷 허r 네임 프뤔 더 리스트.

17 27 I measured the **height** of the statue with a tapeline.
아이 메줘r드 더 하이트 어브 더 스태추 위드 어 테잎라인.

17 28 Some kids **require** special attention.
썸 킫즈 뤼쿠와이어r 스뻬셜 어텐션.

17 29 He was **strongly** opposed to my opinion.
히 워즈 스추룽:리 어포우즈(드) 투 마이 어피니언.

17 30 I connected the ship to the port with a steel **link**.
아이 컨넥틷 더 쉽 투 더 포r트 위드 어 스틸 링크.

ring	jewelry	glitter	intense	heat	dizzy
donate	blood	sick	cover	rice cake	savory
bean	powder	feel free to	contact	delete	list
measure	height	statue	tapeline	require	attention
strongly	oppose	opinion	connect	port	steel

17 21 The ring in the jewelry box **glittered** with the light.
보석함의 반지가 불빛을 받아 반짝였다.

17 22 The intense **heat** made him feel dizzy.
그는 강렬한 열때문에 어지럼을 느꼈다.

17 23 She donated her **blood** to the sick person.
그녀는 아픈 사람에게 피를 기부했다.

17 24 He covered the rice cake with savory **bean** powder.
그는 떡에 맛 좋은 콩가루를 발랐다.

17 25 Please feel free to **contact** me at any time.
언제든지 편하게 나에게 연락하세요.

17 26 He **deleted** her name from the list.
그는 명단에서 그녀의 이름을 삭제했다.

17 27 I measured the **height** of the statue with a tapeline.
나는 줄자로 동상의 높이를 측정했다.

17 28 Some kids **require** special attention.
어떤 아이는 특별한 관심을 필요로 한다.

17 29 He was **strongly** opposed to my opinion.
그는 강하게 나의 의견에 반대했다.

17 30 I connected the ship to the port with a steel **link**.
나는 배를 철제 고리로 항구와 연결했다.

☐ 반지	☐ 보석	☐ 반짝거리다	☐ 강렬한	☐ 열	☐ 어지러운
☐ 기부하다	☐ 피	☐ 아픈	☐ 바르다	☐ 떡	☐ 맛 좋은
☐ 콩	☐ 가루	☐ 편하게 ~하다	☐ 연락하다	☐ 삭제하다	☐ 명단
☐ 측정하다	☐ 높이	☐ 조각상	☐ 줄자	☐ 필요로 하다	☐ 관심
☐ 강하게	☐ 반대하다	☐ 의견	☐ 연결하다	☐ 항구	☐ 강철

17
31
The eagle **gripped** the mouse with his claws.
디 이글 그륖트 더 마우쓰 위드 히즈 클로쓰.

17
32
He **fed** peanuts to the swallows in the cage.
히 펠 피너츠 투 더 스왈로우즈 인 더 케이쥐.

17
33
I **placed** the plates in order on the table.
아이 플레이쓰(트) 더 플레이츠 인 오r더r 온 더 테이블.

17
34
The spy **confessed** everything because of the torture.
더 스파이 컨페쓰트 에브뤼띵 비코:즈 어브 더 토r춰r.

17
35
Many **married** women work at the company.
메니 매뤼드 위멘 워r크 앹 더 컴뻐니.

17
36
Since it's a **dome** stadium, I'm not worried about rain.
씬쓰 이츠 어 도움 스태디엄, 아임 낱 워뤼드 어바웉 뤠인.

17
37
She ironed the pants to remove the **wrinkles**.
쉬 아이언(드) 더 팬츠 투 뤼무브 더 륑클즈.

17
38
The cook introduced **recipes** in the cookbook.
더 쿡 인추러듀스트 뤠써피쓰 인 더 쿡붘.

17
39
She is responsible for **input** and output of data.
쉬 이즈 뤼스빤써블 포r 인풑 앤(드) 아웉풑 어브 데이라.

17
40
He can't have a meal because of the **stomachache**.
히 캔(트) 해브 어 밀 비코:즈 어브 더 스터먹에잌.

eagle	grip	claw	feed	peanut	swallow
cage	place	plate	order	spy	confess
torture	marry	dome	stadium	worried	iron
remove	wrinkle	cook	introduce	recipe	cookbook
responsible	input	output	have	meal	stomachache

17 31 The eagle **gripped** the mouse with his claws.
독수리가 발톱으로 쥐를 움켜 잡았다.

17 32 He **fed** peanuts to the swallows in the cage.
그는 새장의 제비한테 땅콩을 먹이로 줬다.

17 33 I **placed** the plates in order on the table.
나는 식탁 위에 접시를 순서대로 놓았다.

17 34 The spy **confessed** everything because of the torture.
첩자는 고문 때문에 모든 걸 자백했다.

17 35 Many **married** women work at the company.
많은 결혼한 여자들이 회사에서 일한다.

17 36 Since it's a **dome** stadium, I'm not worried about rain.
이 경기장은 둥근천장이라서 비 걱정이 없다.

17 37 She ironed the pants to remove the **wrinkles**.
그녀는 바지의 주름을 없애려고 다림질했다.

17 38 The cook introduced **recipes** in the cookbook.
그 요리사는 요리책의 조리법을 소개했다.

17 39 She is responsible for **input** and output of data.
그녀는 자료의 입력과 출력을 책임지고 있다.

17 40 He can't have a meal because of the **stomachache**.
그는 위통때문에 식사를 못 한다.

독수리	움켜 잡다	발톱	먹이를 주다	땅콩	제비
새장	놓다	접시	순서	첩자	자백하다
고문	결혼하다	둥근 천장	경기장	걱정하는	다리미질 하다
제거하다	주름	요리사	소개하다	조리법	요리책
책임을 지는	입력	출력	먹다	식사	위통

17 41 I removed the fat around my **waist** with a hula-hoop.
아이 <u>뤼무블</u> 더 <u>퍁</u> 어롸운드 마이 웨이슽 위드 훌라-후웊.

17 42 There is joy and sorrow in a short **poem**.
데어r 이즈 조이 앤(드) 쏘로우 인 어 쇼트 포우엄.

17 43 He always spends more than his **income**.
히 올웨이즈 스펜즈 모어r 댄 히즈 인컴.

17 44 She is **envious** enough to be jealous of me.
쉬 이즈 엔<u>비</u>어스 이너<u>프</u> 투 비 쥍러쓰 어브 미.

17 45 The dog suddenly **sniffed** a man's bag.
더 독 써든리 스니<u>프</u>트 어 맨즈 백.

17 46 He had a **visual** test because of his license.
히 핻 어 <u>비</u>주얼 테스트 비코:즈 어<u>브</u> 히즈 라이쎈쓰.

17 47 I never **intended** to ignore you.
아이 네<u>버</u>r 인텐딛 투 이그노어r 유.

17 48 Her lion disguise **scared** the kid.
허r 라이언 디스가이즈 스케어r(드) 더 키드.

17 49 **England** is famous for its gentlemen and its umbrellas.
잉글런드 이즈 페이머쓰 포r 이츠 쥌틀멘 앤 이츠 엄브렐러즈.

17 50 He is too weak for a **grown** man.
히 이즈 투 위크 포r 어 그로운 맨.

☐ remove	☐ fat	☐ around	☐ waist	☐ hula-hoop	☐ joy
☐ sorrow	☐ short	☐ poem	☐ always	☐ spend	☐ income
☐ envious	☐ enough	☐ jealous	☐ suddenly	☐ sniff	☐ visual
☐ license	☐ intend	☐ ignore	☐ lion	☐ disguise	☐ scare
☐ England	☐ famous	☐ gentleman	☐ umbrella	☐ weak	☐ grown

17 41
I removed the fat around my **waist** with a hula-hoop.
나는 훌라후프로 허리의 지방을 뺐다.

17 42
There is joy and sorrow in a short **poem**.
짧은 시에는 기쁨과 슬픔이 녹아 있다.

17 43
He always spends more than his **income**.
그는 항상 수입보다 더 많이 소비한다.

17 44
She is **envious** enough to be jealous of me.
그녀는 나를 질투할 정도로 부러워한다.

17 45
The dog suddenly **sniffed** a man's bag.
개가 갑자기 남자의 가방을 킁킁거렸다.

17 46
He had a **visual** test because of his license.
그는 면허증 때문에 시각 시험을 봤다.

17 47
I never **intended** to ignore you.
나는 너를 무시할 의도가 전혀 없었다.

17 48
Her lion disguise **scared** the kid.
그녀의 사자 분장은 아이를 겁줬다.

17 49
England is famous for its gentlemen and its umbrellas.
영국은 신사와 우산으로 유명하다.

17 50
He is too weak for a **grown** man.
성인의 남자치고는 그는 너무 약하다.

없애다	지방	~주위의	허리	홀라후프	기쁨
슬픔	짧은	시	항상	소비하다	수입
부러워하는	충분한	질투하는	갑자기	킁킁거리다	시각의
면허증	의도하다	무시하다	사자	분장	겁주다
영국	유명한	신사	우산	약한	성인이 된

088 day

17 51 The **prisoner** vanished without a trace in prison.
더 프뤼즈너r 배니쉬트 위다웃 어 추뤠이쓰 인 프뤼즌.

17 52 The water keeps **leaking** from the bucket.
더 워러r 킾쓰 리:킹 프뤔 더 버킽.

17 53 Constant **repetition** makes it perfect.
칸:스턴트 뤠퍼티션 메잌쓰 잍 퍼r펙트.

17 54 I enlarged the bacteria five times with a **microscope**.
아이 인라r쥔 더 백티뤼아 파이브 타임즈 위드 어 마이크러스코웊.

17 55 Religion and **superstition** are clearly different.
뤼리쥔 앤 수퍼r스티션 아r 클리어r리 디퍼뤈트.

17 56 The killer took a ship to **flee** overseas.
더 킬러r 툭 어 쉽 투 플리: 오우브r씨즈.

17 57 I don't know why but today is a **gloomy** day.
아이 도운(트) 노우 와이 벝 투데이 이즈 어 글루:미 데이.

17 58 I had a sale to **improve** the sales amount.
아이 햇 어 쎄일 투 임프루:브 더 쎄일즈 어마운트.

17 59 She saw the visitors out at the **porch**.
쉬 쏘: 더 비지러r즈 아웉 앹 더 포:r취.

17 60 He **seldom** wakes up early in the morning.
히 쎌덤 웨잌쓰 엎 어얼r리 인 더 모r닝.

☐ prisoner	☐ vanish	☐ without	☐ trace	☐ prison	☐ leak
☐ bucket	☐ constant	☐ repetition	☐ perfect	☐ enlarge	☐ bacteria
☐ five times	☐ microscope	☐ religion	☐ superstition	☐ clearly	☐ killer
☐ ship	☐ flee	☐ overseas	☐ why	☐ gloomy	☐ improve
☐ amount	☐ visitor	☐ porch	☐ seldom	☐ wake up	☐ early

17 51 The **prisoner** vanished without a trace in prison.
죄수가 감옥서 흔적도 없이 사라졌다.

17 52 The water keeps **leaking** from the bucket.
물이 양동이에서 계속해서 새고 있다.

17 53 Constant **repetition** makes it perfect.
부단한 반복이 완벽함을 만든다.

17 54 I enlarged the bacteria five times with a **microscope**.
나는 현미경으로 세균을 5배 확대했다.

17 55 Religion and **superstition** are clearly different.
종교와 미신은 확실히 다르다.

17 56 The killer took a ship to **flee** overseas.
살인범이 해외로 도망가려고 배를 탔다.

17 57 I don't know why but today is a **gloomy** day.
이유를 모르겠지만 오늘은 우울한 날이다.

17 58 I had a sale to **improve** the sales amount.
나는 판매량을 개선하려고 세일했다.

17 59 She saw the visitors out at the **porch**.
그녀는 방문객을 현관에서 배웅했다.

17 60 He **seldom** wakes up early in the morning.
그는 아침에 좀처럼 일찍 일어나지 않는다.

죄수	사라지다	~없이	흔적	감옥	새다
양동이	끊임없는	반복	완벽한	확대하다	세균
5배	현미경	종교	미신	확실히	살인범
배	도망가다	해외로	이유	우울한	개선하다
양	방문객	현관	좀처럼 ~않다	일어나다	일찍

17 61 I received **education** and improved my skills.
아이 륀씨브드 에주케이션 앤(드) 임프루브드 마이 스킬즈.

17 62 Polar bears are a symbol of **arctic** animals.
포울러r 베어r즈 아r 어 심볼 어브 아:r틱 애니멀즈.

17 63 Sheep offers people warm **fur**.
쉽 아퍼r즈 피쁠 웜 퍼:r.

17 64 The king handed the **throne** over to his eldest son.
더 킹 핸딛 더 쓰로운 오우버r 투 히즈 엘디스트 썬.

17 65 Her passionate love turned into **hatred**.
허r 패써네잍 러브 턴드 인투 헤이추륃.

17 66 The blood **flows** constantly through blood vessels.
더 블러드 플로우즈 컨스튼리 쓰로 블러드 베쓸즈.

17 67 Hulk has **extraordinary** power.
헐크 해즈 엑쓰추라:r오디네뤼 파워r.

17 68 The **columns** of the temple got tilted by an earthquake.
더 칼럼즈 어브 더 템플 같 틸틷 바이 언 어r쓰퀘잌.

17 69 The **damage** from drought and heat is enormous.
더 대미쥐 프뤔 주롸웉 앤(드) 히트 이즈 이노r머스.

17 70 There's a close relationship between smoking and **lung** cancer.
데어즈 어 클로우스 륄레이션쉽 비트윈 스모우킹 앤 렁 캔써r.

receive	education	improve	polar bear	symbol	arctic
sheep	offer	fur	hand	throne	the eldest
passionate	hatred	blood	flow	constantly	vessel
extraordinary	column	temple	tilt	earthquake	damage
drought	enormous	close	relationship	lung	cancer

17 61 I received **education** and improved my skills.
나는 교육을 받고 실력을 개선했다.

17 62 Polar bears are a symbol of **arctic** animals.
북극곰은 북극 동물의 상징이다.

17 63 Sheep offers people warm **fur**.
양들은 사람에게 따뜻한 털을 제공한다.

17 64 The king handed the **throne** over to his eldest son.
왕은 장남에게 왕좌를 넘겨주었다.

17 65 Her passionate love turned into **hatred**.
그녀의 열정적인 사랑이 증오로 변했다.

17 66 The blood **flows** constantly through blood vessels.
피가 혈관 속에서 계속해서 흐른다.

17 67 Hulk has **extraordinary** power.
헐크는 놀라운 힘을 가졌다.

17 68 The **columns** of the temple got tilted by an earthquake.
지진으로 사원의 기둥이 기울어졌다.

17 69 The **damage** from drought and heat is enormous.
가뭄과 더위로 입은 피해는 막대하다.

17 70 There's a close relationship between smoking and **lung** cancer.
흡연과 폐 암 사이는 밀접한 관계가 있다.

받다	교육	개선하다	북극곰	상징	북극의
양	제공하다	털	건네주다	왕좌	가장 큰
열정적인	증오	피	흐르다	끊임없이	혈관
놀라운	기둥	사원	기울이다	지진	피해
가뭄	막대한	밀접한	관계	폐	암

17 71 To tell the truth, her outfit is far from the **trends**.
투 텔 더 추루쓰, 허r 아울핏 이즈 파r 프뤔 더 추뤤즈.

17 72 When the kid saw the ghost, he **screamed** in fear.
웬 더 킫 쏘: 더 고우스트, 히 스크륌:드 인 피어r.

17 73 She hates his **childish** behavior.
쉬 헤이츠 히즈 촤일디쉬 비헤이비어r.

17 74 He survived a fierce **competition**.
히 써r바이브드 어 피어r쓰 컴퍼티션.

17 75 As the sun rose, snow and ice **melted**.
애즈 더 썬 로우즈, 스노우 앤(드) 아이쓰 멜틷.

17 76 He found a human **skeleton** in the grave.
히 파운드 어 휴먼 스켈러튼 인 더 그뤠이브.

07 77 She managed to revive the **dying** flower.
쉬 매니쥗 투 뤼바이브 더 다잉 플라워r.

17 78 You need **adventure** and courage to succeed.
유 닏 애드벤춰r 앤(드) 커뤼쥐 투 썩씨드.

17 79 It's been 2 years **since** I left my job.
이츠 빈 투 이어r즈 씬쓰 아이 레프트 마이 좝.

17 80 She invited her neighbors to **dine** together.
쉬 인바이릳 허r 네이버r즈 투 다인 투게더r.

truth	outfit	far from	trend	kid	ghost
scream	fear	hate	childish	behavior	survive
fierce	competition	rise	melt	skeleton	grave
manage to	revive	die	adventure	courage	succeed
since	job	invite	neighbor	dine	together

17 71 <u>To tell the truth</u>, her outfit is <u>far</u> from the **trends**.
솔직히 그녀의 복장은 결코 유행이 아니다.

17 72 When <u>the kid</u> saw the <u>ghost</u>, <u>he</u> **screamed** in fear.
아이가 유령을 보자 놀라서 비명 질렀다.

17 73 She <u>hates</u> his **childish** behavior.
그녀는 그의 어린이 같은 행동을 싫어한다.

17 74 He <u>survived</u> a fierce **competition**.
그는 치열한 경쟁에서 살아남았다.

17 75 As <u>the sun rose</u>, snow and ice **melted**.
해가 떠오르자 눈과 얼음이 녹았다.

17 76 He <u>found</u> a human **skeleton** in the grave.
그는 무덤에서 사람 해골을 찾았다.

07 77 She <u>managed to revive</u> the **dying** flower.
그녀는 죽어가는 꽃을 힘들게 되살렸다.

17 78 You <u>need</u> **adventure** and <u>courage</u> to succeed.
성공하려면 모험과 용기가 필요하다.

17 79 It's been 2 years **since** I <u>left</u> <u>my job</u>.
내가 직장을 떠난 이후로 2년이 지났다.

17 80 She <u>invited</u> her neighbors to **dine** together.
그녀는 함께 식사하려고 이웃을 초대했다.

진실	복장	결코 ~이 아닌	유행	아이	유령
비명을 지르다	공포	싫어하다	어린이 같은	행동	살아남다
치열한	경쟁	떠오르다	녹다	해골	무덤
힘들게 ~하다	되살리다	죽다	모험	용기	성공하다
~이후로	직장	초대하다	이웃	식사하다	함께

17 81 He clearly heard the **piercing** scream.
히 클리어r리 허r(드) 더 피어r씽 스크륌.

17 82 Her **leadership** considers principles a priority.
허r 리:더r쉽 컨씨더r즈 프륀써플즈 어 프롸이오뤼티.

17 83 **Seize** the opportunity and you can succeed.
씨:즈 디 아퍼r튜너리 앤(드) 유 캔 썩씨드.

17 84 The theme of this festival is 'revival of tradition.'
더 씨임 어브 디쓰 페스티벌 이즈 '뤼바이벌 어브 추뤠디션.'

17 85 He got **dental** treatment because of his cavities.
히 같 덴틀 추륃멘트 비코:즈 어브 히즈 캐버티즈.

17 86 He opened his arms and **hugged** his son.
히 오우쁜드 히즈 암즈 앤(드) 헉드 히즈 썬.

17 87 I fastened my seat belt for **safety**.
아이 패쓴드 마이 씨잍 벨트 포r 쎄이프티.

17 88 She ground the beans to powder in the **mill**.
쉬 그롸운(드) 더 빈즈 투 파우더r 인 더 밀.

17 89 I **respect** him deeply as a senior.
아이 뤼스펙트 힘 디플리 애즈 어 씨니어r.

17 90 My family adopted a **pitiful** orphan.
마이 페믈리 어닯틷 어 피티플 오r펀.

clearly	piercing	scream	leadership	consider	principle
priority	seize	opportunity	succeed	theme	festival
revival	tradition	dental	treatment	cavity	hug
fasten	seat belt	safety	grind	bean	mill
respect	deeply	senior	adopt	pitiful	orphan

17
81
He clearly heard the **piercing** scream.
그는 귀청을 찢는 비명을 확실히 들었다.

17
82
Her **leadership** considers principles a priority.
그녀의 지도력은 원칙을 우선 사항으로 고려한다.

17
83
Seize the opportunity and you can succeed.
기회를 붙잡아라 그러면 성공할 수 있다.

17
84
The theme of this festival is 'revival of tradition.'
이번 축제의 주제는 전통의 부활이다.

17
85
He got **dental** treatment because of his cavities.
그는 충치들 때문에 치과의 치료를 받았다.

17
86
He opened his arms and **hugged** his son.
그는 두 팔을 벌려서 아들을 껴안았다.

17
87
I fastened my seat belt for **safety**.
나는 안전을 위해서 안전띠를 맸다.

17
88
She ground the beans to powder in the **mill**.
그녀는 방앗간에서 콩을 가루로 갈았다.

17
89
I **respect** him deeply as a senior.
나는 그를 선배로서 깊이 존경한다.

17
90
My family adopted a **pitiful** orphan.
우리 가족은 가엾은 고아를 입양했다.

확실히	귀청을 찢는	비명	지도력	고려하다	원칙
우선 사항	붙잡다	기회	성공하다	주제	축제
부활	전통	치과의	치료	충치	껴안다
매다	안전띠	안전	갈다	콩	방앗간
존경하다	깊이	선배	입양하다	가엾은	고아

090 day 발음편

17 91 The couple will live in this house after **marriage**.
더 커플 윌 리브 인 디쓰 하우쓰 애프터r 매뤼쥐.

17 92 The **servant** sacrificed his life for the owner.
더 써r번트 쌔그뤼파이쓰트 히즈 라이프 포r 디 오우너r.

17 93 The **closure** of the factory was a shock to the workers.
더 클로우줘r 어브 더 팩토뤼 워즈 어 샥 투 더 워r커r즈.

17 94 Our flight's departure was **delayed** until tomorrow.
아워r 플라이츠 디파r춰r 워즈 딜레이드 언틸 투마로우.

17 95 The **classic** music captured the audiences' hearts.
더 클래씩 뮤직 캡춰r(드) 디 오디언시즈 하츠.

07 96 This house is built on a strong **foundation**.
디쓰 하우쓰 이즈 빌트 온 어 스추롱 파운데이션.

07 97 Her brown eyes **sparkled** with playfulness.
허r 브롸운 아이즈 스파:r클드 위드 플레이플네쓰.

17 98 The oil market enjoyed the untimely **boom**.
디 오일 마r켙 인조이(드) 디 언타임리 부:움.

17 99 'Snow White and 7 **dwarfs**' is a famous fairy tale.
'스노우 와잍 앤 쎄븐 주워:r프즈' 이즈 어 페이머스 페어뤼 테일.

18 00 I will finish this work **within** 2 days.
아이 윌 피니쉬 디쓰 워크 위딘 투 데이즈.

marriage	servant	sacrifice	life	owner	closure
factory	shock	worker	flight	departure	delay
until	classic	capture	audience	heart	foundation
brown	sparkle	playfulness	market	enjoy	untimely
boom	dwarf	famous	fairy tale	finish	within

17 91 The couple will live in this house after **marriage**.
그 부부는 결혼후 이 집에 살 것이다.

17 92 The **servant** sacrificed his life for the owner.
하인이 주인을 위해 목숨을 희생했다.

17 93 The **closure** of the factory was a shock to the workers.
공장의 폐쇄는 근로자에게 충격이었다.

17 94 Our flight's departure was **delayed** until tomorrow.
우리의 항공기 출발이 내일까지 늦춰졌다.

17 95 The **classic** music captured the audiences' hearts.
고전의 음악이 청중의 마음을 사로잡았다.

07 96 This house is built on a strong **foundation**.
이 집은 튼튼한 기초위에 지어졌다.

07 97 Her brown eyes **sparkled** with playfulness.
그녀의 갈색 눈은 장난기로 반짝였다.

17 98 The oil market enjoyed the untimely **boom**.
석유 시장은 때아닌 호황을 누렸다.

17 99 'Snow White and 7 **dwarfs**' is a famous fairy tale.
'백설 공주와 7 난장이는 유명한 동화다.

18 00 I will finish this work **within** 2 days.
내가 2일 이내에 이 작업을 끝낼 것이다.

결혼	하인	희생하다	목숨	주인	폐쇄
공장	충격	근로자	항공기	출발	늦추다
~때까지	고전의	잡다	청중	마음	기초
갈색의	반짝이다	장난기	시장	즐기다	때아닌
호황	난쟁이	유명한	동화	끝내다	~이내에

표제어 리뷰 테스트

MP3 듣기

01	thankful	21	diligent	41	hidden	61	shy	81	charge
02	whisker	22	aisle	42	preschool	62	immediately	82	react
03	exhibit	23	scary	43	illustrator	63	entrance	83	bunch
04	certainly	24	domain	44	survey	64	vanish	84	throat
05	board	25	dawn	45	even	65	quality	85	emperor
06	binocular	26	safely	46	employer	66	university	86	sticky
07	coral	27	weight	47	concern	67	outline	87	experience
08	consult	28	urgent	48	decrease	68	capture	88	poison
09	suitcase	29	lift	49	pregnant	69	fear	89	belong
10	tap	30	destroy	50	washroom	70	talented	90	bitter
11	besides	31	block	51	glowing	71	citizen	91	boring
12	mend	32	everything	52	relate	72	businessman	92	fixed
13	beginner	33	collide	53	idiot	73	dancer	93	traffic jam
14	island	34	unknown	54	brighten	74	punish	94	surface
15	stripe	35	achieve	55	traditional	75	load	95	offer
16	progress	36	main	56	bound	76	tube	96	slowly
17	whether	37	bit	57	aboard	77	congratulate	97	keen
18	tend	38	strategy	58	beyond	78	bucket	98	typical
19	lack	39	vacant	59	etc.	79	spark	99	plow
20	republic	40	thunder	60	crime	80	stress	00	flash

표제어 리뷰 테스트

MP3 듣기

01	lend	21	glitter	41	waist	61	education	81	piercing
02	attention	22	heat	42	poem	62	Arctic	82	leadership
03	instance	23	blood	43	income	63	fur	83	seize
04	trick	24	bean	44	envious	64	throne	84	revival
05	wheat	25	contact	45	sniff	65	hatred	85	dental
06	ordinary	26	delete	46	visual	66	flow	86	hug
07	ceiling	27	height	47	intend	67	extraordinary	87	safety
08	shorten	28	require	48	scare	68	column	88	mill
09	legendary	29	strongly	49	England	69	damage	89	respect
10	borrow	30	link	50	grown	70	lung	90	pitiful
11	experiment	31	grip	51	prisoner	71	trend	91	marriage
12	achievement	32	feed	52	leak	72	scream	92	servant
13	patient	33	plate	53	repetition	73	childish	93	closure
14	leader	34	confess	54	microscope	74	competition	94	delay
15	core	35	married	55	superstition	75	melt	95	classic
16	theory	36	dome	56	flee	76	skeleton	96	foundation
17	duet	37	wrinkle	57	gloomy	77	dying	97	sparkle
18	earn	38	recipe	58	improve	78	adventure	98	boom
19	accuse	39	input	59	porch	79	since	99	dwarf
20	Japanese	40	stomachache	60	seldom	80	dine	00	within

정답

01	감사하는	21	근면한	41	숨겨진	61	수줍어하는	81	부과하다
02	콧수염	22	통로	42	유치원	62	즉시	82	반응하다
03	전시하다	23	무서운	43	삽화가	63	입구	83	다발
04	확실히	24	영토	44	조사	64	사라지다	84	목구멍
05	판자	25	새벽	45	~조차도	65	질	85	황제
06	쌍안경	26	안전하게	46	고용주	66	대학교	86	끈적거리는
07	산호	27	무게	47	관계가 있다	67	윤곽	87	경험
08	상의하다	28	긴급한	48	감소하다	68	붙잡다	88	독
09	여행가방	29	들어 올리다	49	임신한	69	공포	89	속하다
10	두드리다	30	파괴하다	50	세면장	70	유능한	90	쓴맛이 나는
11	~외에	31	덩어리	51	불타는	71	시민	91	지루한
12	수선하다	32	모든 것	52	관계가 있다	72	사업가	92	고정된
13	초보자	33	충돌하다	53	바보	73	무용가	93	교통체증
14	섬	34	알려지지 않은	54	밝히다	74	벌주다	94	표면
15	줄무늬	35	달성하다	55	전통의	75	짐	95	제공하다
16	진전되다	36	주요한	56	~할 것 같은	76	관	96	느리게
17	~인지 아닌지	37	조금	57	탑승한	77	축하하다	97	열망하는
18	~경향이 있다	38	전략	58	~ 너머에	78	양동이	98	전형적인
19	부족	39	비어있는	59	~ 등등	79	불꽃	99	쟁기
20	공화국	40	천둥소리	60	범죄	80	긴장	00	불빛

정답

01	빌려주다	21	반짝거리다	41	허리	61	교육	81	귀청을 찢는
02	관심	22	열	42	시	62	북극의	82	지도력
03	사례	23	피	43	수입	63	털	83	붙잡다
04	속임수	24	콩	44	부러워하는	64	왕좌	84	부활
05	밀	25	연락하다	45	킁킁거리다	65	증오	85	치과의
06	보통의	26	삭제하다	46	시각의	66	흐르다	86	껴안다
07	천장	27	높이	47	의도하다	67	놀라운	87	안전
08	줄이다	28	필요로 하다	48	겁주다	68	기둥	88	방앗간
09	전설적인	29	강하게	49	영국	69	피해	89	존경하다
10	빌리다	30	고리	50	성인이 된	70	폐	90	가엾은
11	실험	31	움켜 잡다	51	죄수	71	유행	91	결혼
12	성취	32	먹이를 주다	52	새다	72	비명을 지르다	92	하인
13	환자	33	접시	53	반복	73	어린이 같은	93	폐쇄
14	지도자	34	자백하다	54	현미경	74	경쟁	94	늦추다
15	핵심	35	결혼한	55	미신	75	녹다	95	고전의
16	이론	36	둥근 천장	56	도망가다	76	해골	96	기초
17	이중창	37	주름	57	우울한	77	죽어가는	97	반짝이다
18	벌다	38	조리법	58	개선하다	78	모험	98	호황
19	고소하다	39	입력	59	현관	79	이후로	99	난쟁이
20	일본의	40	위통	60	좀처럼 ~않다	80	식사하다	00	이내에

091일
–
100일

10장

영어 공부 잘하는 법

18 01 Our **attic** is narrow, damp and dirty.
아워r 애틱 이즈 내로우, 댐프 앤(드) 더r티.

18 02 She **chopped** carrots for cooking.
쉬 촤트 캐뤄츠 포r 쿠킹.

18 03 The ship sailed into a peaceful **bay**.
더 쉽 쎄일드 인투 어 피쓰플 베이.

18 04 We played in the **cellar** instead of the attic.
위 플레이드 인 더 쎌러r 인스떼드 어브 디 애틱.

18 05 She memorized the first **part** of the latest song.
쉬 메머롸이즈(드) 더 퍼r스트 파:r트 어브 더 레이티슫 쏭.

18 06 He had the **worst** experience in the desert.
히 핻 더 워:r스트 익쓰삐어뤼언쓰 인 더 데저r트.

18 07 She felt **pity** for the flood victims.
쉬 펠트 피리 포r 더 플러드 빅틈즈.

18 08 The **principal** gave a short lecture to the students.
더 프륀써플 게이브 어 쇼r트 렉춰r 투 더 스튜든츠.

18 09 Heroes in **myths** and legends are strong and smart.
히로우즈 인 미쓰 앤(드) 레줜즈 아r 스추롱 앤(드) 스마트.

18 10 He invented the **bulb** after many attempts.
히 인벤틷 더 벌브 애프터r 메니 어템츠.

attic	narrow	damp	dirty	chop	carrot
sail	peaceful	bay	cellar	instead of	memorize
part	latest	worst	experience	desert	pity
flood	victim	principal	short	lecture	hero
myth	legend	smart	invent	bulb	attempt

18 01 Our **attic** is narrow, damp and dirty.
우리 집 다락방은 좁고 축축하고 더럽다.

18 02 She **chopped** carrots for cooking.
그녀는 요리를 위해 당근을 썰었다.

18 03 The ship sailed into a peaceful **bay**.
그 배는 평화로운 만으로 항해해 갔다.

18 04 We played in the **cellar** instead of the attic.
우리는 다락방 대신에 지하실에서 놀았다.

18 05 She memorized the first **part** of the latest song.
그녀는 최신 노래의 앞 부분을 암기했다.

18 06 He had the **worst** experience in the desert.
그는 사막에서 최악의 경험을 했다.

18 07 She felt **pity** for the flood victims.
그녀는 홍수의 피해자에게 동정심을 느꼈다.

18 08 The **principal** gave a short lecture to the students.
교장이 학생들에게 짧게 강의했다.

18 09 Heroes in **myths** and legends are strong and smart.
신화와 전설의 영웅은 강하고 똑똑하다.

18 10 He invented the **bulb** after many attempts.
그는 많은 시도 후에 전구를 발명했다.

다락방	좁은	축축한	더러운	썰다	당근
항해하다	평화로운	만	지하실	~대신에	암기하다
부분	최신의	최악의	경험	사막	동정심
홍수	피해자	교장	짧은	강의	영웅
신화	전설	똑똑한	발명하다	전구	시도

**18
11** He looked handsome in the school **yearbook**.
히 룩트 핸썸 인 더 스쿨 이어r북.

**18
12** The librarian charged the students with a late **fee**.
더 라이브뤠뤼언 촤r쥗 더 스튜든츠 위드 어 레잍 피:.

**18
13** I explained the sales plan in **detail**.
아이 익쓰플레인(드) 쎄일즈 플랜 인 디:테일.

**18
14** She put the honey in the **jar** and buried it.
쉬 풀 더 허니 인 더 좌:r 앤(드) 베뤼드 잍.

**18
15** The soldiers hid in the **valley**, awaiting the enemy.
더 쏘울줘r쓰 힏 인 더 밸리, 어웨이팅 디 에너미.

**18
16** This **mayor** conversed with the citizens a lot.
디쓰 메이어r 컨버r쓰(트) 위드 더 씨티즌즈 어 랕.

**18
17** I work as a **hairdresser** at a hair salon.
아이 워r크 애즈 어 헤어r주뤠써r 앹 어 헤어r 썰란:.

**18
18** His **violent** driving hurt a passerby.
히즈 바이얼런(트) 주롸이빙 허r트 어 패써r바이.

**18
19** I was so busy that I couldn't **glance** at the newspaper.
아이 워즈 쏘우 비지 댙 아이 쿠른 글랜쓰 앹 더 뉴스페이퍼r.

**18
20** She **praised** the honest behavior of her son.
쉬 프뤠이즈(드) 디 어니스트 비헤이비어r 어브 허r 썬.

☐ handsome	☐ yearbook	☐ librarian	☐ charge	☐ fee	☐ explain
☐ plan	☐ detail	☐ honey	☐ jar	☐ bury	☐ soldier
☐ valley	☐ await	☐ enemy	☐ mayor	☐ converse	☐ citizen
☐ a lot	☐ hairdresser	☐ hair salon	☐ violent	☐ drive	☐ passerby
☐ busy	☐ glance	☐ newspaper	☐ praise	☐ honest	☐ behavior

18 11 He looked handsome in the school **yearbook**.
고등학교 졸업앨범의 그는 잘 생겼다.

18 12 The librarian charged the students with a late **fee**.
사서가 학생들에게 연체 요금을 부과했다.

18 13 I explained the sales plan in **detail**.
나는 판매 계획의 세부사항을 설명했다.

18 14 She put the honey in the **jar** and buried it.
그녀는 벌꿀을 항아리에 담아서 묻었다.

18 15 The soldiers hid in the **valley**, awaiting the enemy.
군인들이 골짜기에 숨어서 적을 기다렸다.

18 16 This **mayor** conversed with the citizens a lot.
이번 시장은 시민과 대화를 많이 했다.

18 17 I work as a **hairdresser** at a hair salon.
나는 미용실에서 미용사로 일한다.

18 18 His **violent** driving hurt a passerby.
그의 난폭한 운전으로 행인이 다쳤다.

18 19 I was so busy that I couldn't **glance** at the newspaper.
나는 바빠서 신문을 흘낏 보지 못했다.

18 20 She **praised** the honest behavior of her son.
그녀는 아들의 정직한 행동을 칭찬했다.

☐ 잘생긴	☐ 졸업앨범	☐ 사서	☐ 부과하다	☐ 요금	☐ 설명하다
☐ 계획	☐ 세부 사항	☐ 벌꿀	☐ 항아리	☐ 묻다	☐ 군인
☐ 골짜기	☐ 기다리다	☐ 적	☐ 시장	☐ 대화하다	☐ 시민
☐ 많은	☐ 미용사	☐ 미용실	☐ 난폭한	☐ 운전하다	☐ 행인
☐ 바쁜	☐ 흘낏 보다	☐ 신문	☐ 칭찬하다	☐ 정직한	☐ 행동

18 21 The **human** body has a complex structure.
더 휴:먼 바디 해즈 어 컴플렉쓰 스추뤽춰r.

18 22 Her personality is **outgoing** and open.
허r 퍼r써낼러디 이즈 아웉고우잉 앤(드) 오우쁜.

18 23 A **wealthy** man made a donation to a nursing home.
어 웰띠 맨 메이드 어 도우네이션 투 어 너씽 호움.

18 24 He saw an **awesome** car at the exhibition.
히 쏘: 언 오:썸 카r 앹 디 엑지비션.

18 25 She bought lettuce from a **grocery** store.
쉬 밭 레터쓰 프뢈 어 그로우써뤼 스토어r.

18 26 The tax office charged a **tax** on an income.
더 택쓰 아피쓰 촤r쥐드 어 택쓰 온 언 인컴.

18 27 He **envies** the wealth and happiness of others.
히 엔비쓰 더 웰쓰 앤(드) 해삐네쓰 어브 아더r쓰.

18 28 He saw a horror movie at the **theater**.
히 쏘: 어 호뤄r 무비 앹 더 띠:어러r.

18 29 The **politician** is working hard on the campaign.
더 팔러티션 이즈 워r킹 하r드 온 더 캠페인.

18 30 She **prayed** for the health of her family.
쉬 프뤠이드 포r 더 헬쓰 어브 허r 페믈리.

human	complex	structure	personality	outgoing	open
wealthy	donation	nursing home	awesome	exhibition	lettuce
grocery	store	tax office	charge	tax	income
envy	wealth	happiness	others	horror	movie
theater	politician	hard	campaign	pray	health

18 21 The **human** body has a complex structure.
인간의 몸은 복잡한 구조로 되어 있다.

18 22 Her personality is **outgoing** and open.
그녀의 성격은 사교적이며 개방적이다.

18 23 A **wealthy** man made a donation to a nursing home.
부유한 사람이 양로원에 기부했다.

18 24 He saw an **awesome** car at the exhibition.
그는 전시회에서 놀랄만한 차를 봤다.

18 25 She bought lettuce from a **grocery** store.
그녀는 식료품 가게에서 상추를 샀다.

18 26 The tax office charged a **tax** on an income.
세무서는 수입에 대해서 세금을 부과했다.

18 27 He **envies** the wealth and happiness of others.
그는 다른 사람의 부와 행복을 부러워한다.

18 28 He saw a horror movie at the **theater**.
그는 극장에서 공포 영화를 봤다.

18 29 The **politician** is working hard on the campaign.
그 정치가는 열심히 선거운동 중이다.

18 30 She **prayed** for the health of her family.
그녀는 가족의 건강을 위해 기도했다.

인간의	복잡한	구조	성격	사교적인	개방적인
부유한	기부	양로원	놀랄만한	전시회	상추
식료품	가게	세무서	부과하다	세금	수입
부러워하다	부	행복	다른 사람들	공포	영화
극장	정치가	열심히	선거운동	기도하다	건강

18 31 My **mate** comes to school earlier than me.
마이 메잍 컴즈 투 스쿨 어얼리어r 댄 미.

18 32 He hung the washed clothes on a **clothesline**.
히 헝 더 와쉬트 클로우즈 온 어 클로우즈라인.

18 33 His recovery was almost a **miracle**.
히즈 뤼커버뤼 워즈 올모우스트 어 미뤄클.

18 34 His weight and height are **normal**.
히즈 웨이트 앤(드) 하이트 아r 노:r믈.

18 35 If you tease the dog, it might **bite** you.
이프 유 티즈 더 도그, 잍 마잍 바잍 유.

18 36 A beggar **begged** for money and food on the street.
어 베거r 벡드 포r 머니 앤(드) 푸드 온 더 스추륕.

18 37 Pharmacists at **drugstores** know a lot about medicine.
퍼r머씨스츠 앹 주뤅스토:어r즈 노우 어 랕 어바웉 메디쓴.

18 38 The company **deducted** taxes from his salary.
더 컴뻐니 디덕틷 택시즈 프뤔 히즈 쌜러뤼.

18 39 Babies **crawl** on their hands and knees.
베이비즈 크롤: 온 데어r 핸즈 앤(드) 니:즈.

18 40 He's **drunk** and he staggered on and on.
히즈 주뤙크 앤(드) 히 스태거r드 온 앤(드) 온.

mate	earlier than	hang	washed	clothes	clothesline
recovery	almost	miracle	weight	height	normal
tease	might	bite	beggar	beg	street
pharmacist	drugstore	medicine	deduct	tax	salary
crawl	their	knee	drunk	stagger	on and on

18 31 My **mate** comes to school earlier than me.
나의 짝은 나보다 학교에 더 일찍 온다.

18 32 He hung the washed clothes on a **clothesline**.
그는 빨래줄에 세탁한 옷을 널었다.

18 33 His recovery was almost a **miracle**.
그의 회복은 거의 기적에 가까웠다.

18 34 His weight and height are **normal**.
그의 몸무게와 키는 보통의 편이다.

18 35 If you tease the dog, it might **bite** you.
네가 개를 놀리면, 너를 물지 모른다.

18 36 A beggar **begged** for money and food on the street.
거지가 길거리에서 돈과 음식을 구걸했다.

18 37 Pharmacists at **drugstores** know a lot about medicine.
약국의 약사는 약을 잘 안다.

18 38 The company **deducted** taxes from his salary.
회사는 그의 월급에서 세금을 뺐다.

18 39 Babies **crawl** on their hands and knees.
아기들은 손과 무릎으로 기어 다닌다.

18 40 He's **drunk** and he staggered on and on.
그는 술에 취해서 계속해서 비틀거리며 걸었다.

짝	~보다 더 일찍	매달다	세탁한	옷	빨래줄
회복	거의	기적	무게	키	보통의
놀리다	~일지 모른다	물다	거지	구걸하다	길거리
약사	약국	약	공제하다	세금	월급
기어 다니다	그들의	무릎	술에 취한	비틀거리다	계속해서

18 41 It **might** rain cats and dogs tomorrow.
잍 마일 뤠인 캩츠 앤(드) 독즈 투마로우.

18 42 Many people **suffered** from water shortages.
메니 피쁠 써퍼r드 프뤔 워러r 쑈r티쥐즈.

18 43 There are millions of stars shining in this **galaxy**.
데어r 아 밀리언즈 어브 스타r즈 샤이닝 인 디쓰 갤럭씨.

18 44 A **bold** challenge is needed in times of crisis.
어 보울드 쵈린쥐 이지 니딛 인 타임즈 어브 크롸이씨스.

18 45 He pledged loyalty to the **nation**.
히 플렏쥗 로열티 투 더 네이션.

18 46 I pay rent to the **landlord** each month.
아이 페이 뤤(트) 투 더 랜로:r드 이취 먼쓰.

18 47 When riding a raft, make sure to wear a life **vest**.
웬 롸이딩 어 뤠프트, 메잌 슈어r 투 웨어r 어 라이프 베스트.

18 48 Economic **crisis** threatens people's lives.
이카너믹 크롸이씨스 쓰뤠튼즈 피쁠즈 라이브즈.

18 49 Write your name and address on this registration **form**.
롸잍 유어r 네임 앤 애주뤠쓰 온 디쓰 뤠쥐스추뤠이션 폼:.

18 50 The architecture of the pyramid is still **mysterious**.
디 아r키텍춰r 어브 더 피롸믿 이즈 스틸 미스테뤼어쓰.

---

might	cats and dogs	suffer	shortage	million	shine
galaxy	bold	challenge	need	crisis	pledge
loyalty	nation	rent	landlord	each month	ride
raft	make sure to	vest	economic	crisis	threaten
address	registration	form	architecture	pyramid	mysterious

18 41 It **might** rain cats and dogs tomorrow.
내일 비가 억수같이 올지도 모른다.

18 42 Many people **suffered** from water shortages.
많은 사람이 물 부족으로 고통을 받는다.

18 43 There are millions of stars shining in this **galaxy**.
이 은하계에는 수백 만개의 별이 빛나고 있다.

18 44 A **bold** challenge is needed in times of crisis.
위기일 때는 대담한 도전이 필요하다.

18 45 He pledged loyalty to the **nation**.
그는 국가에 대한 충성을 맹세했다.

18 46 I pay rent to the **landlord** each month.
나는 매달 집주인에게 집세를 지불한다.

18 47 When riding a raft, make sure to wear a life **vest**.
뗏목을 탈 때는 꼭 구명조끼를 입어라.

18 48 Economic **crisis** threatens people's lives.
경제 위기는 사람들의 생활을 위협한다.

18 49 Write your name and address on this registration **form**.
이 등록 서식에 이름과 주소를 쓰세요.

18 50 The architecture of the pyramid is still **mysterious**.
피라미드의 건축은 아직도 신비롭다.

~일지 모른다	억수같이	고통을 받다	부족	100만	빛나다
은하계	대담한	도전	필요로 하다	위기	맹세하다
충성	국가	집세	집주인	매달	타다
뗏목	꼭 ~ 하다	조끼	경제의	위기	위협하다
주소	등록	서식	건축	피라미드	신비로운

18 51 We **celebrated** the New Year with fireworks.
위 쎌러브뤠이린 더 뉴 이어r 위드 파이어r월r쓰.

18 52 **Practice** is an effective method to learn English.
프뤡티쓰 이즈 언 이펙티브 메써드 투 런 잉글리쉬.

18 53 The mold spread on the bread because of the **moisture**.
더 모울드 스프뤠 온 더 브뤠드 비코:즈 어브 더 모이스춰r.

18 54 I gave the bride **jewelry** as a wedding gift.
아이 게입 더 브롸이드 쥬:어뤼 애즈 어 웨딩 기프트.

18 55 The child **rudely** greeted the adult.
더 촤일드 루:들리 그뤼틴 디 어덜트.

18 56 She majored in economics in **college**.
쉬 메어줘r드 인 이카너믹쓰 인 칼리쥐.

18 57 The **victim** of the accident was treated at the hospital.
더 빅틈 어브 디 액씨든트 워즈 추뤼틴 앹 더 하스피럴.

18 58 The driver ignored the police's **caution**.
더 주롸이브r 이그노어r(드) 더 펄:리쓰즈 코:션.

18 59 He is a **cruel** man to kick his dog.
히 이즈 어 크루:얼 맨 투 킥 히즈 도그.

18 60 The delivery man delivered the **goods** on time.
더 딜리버뤼 맨 딜리버r(드) 더 굳즈 온 타임.

celebrate	fireworks	practice	effective	method	mold
spread	bread	moisture	bride	jewelry	gift
rudely	greet	adult	major	economics	college
victim	accident	treat	hospital	ignore	caution
cruel	kick	delivery	deliver	goods	on time

18 51 We **celebrated** the New Year with fireworks.
우리는 불꽃놀이로 새해를 축하했다.

18 52 **Practice** is an effective method to learn English.
연습이 영어를 배우는 효과적 방법이다.

18 53 The mold spread on the bread because of the **moisture**.
습기 때문에 빵에 곰팡이가 퍼졌다.

18 54 I gave the bride **jewelry** as a wedding gift.
난 신부에게 결혼 선물로 보석을 줬다.

18 55 The child **rudely** greeted the adult.
아이가 어른에게 무례하게 인사를 했다.

18 56 She majored in economics in **college**.
그녀는 단과대학에서 경제학을 전공했다.

18 57 The **victim** of the accident was treated at the hospital.
사고의 피해자는 병원에서 치료를 받았다.

18 58 The driver ignored the police's **caution**.
그 운전자가 경찰의 경고를 무시했다.

18 59 He is a **cruel** man to kick his dog.
자신의 개를 차다니 그는 잔인한 남자다.

18 60 The delivery man delivered the **goods** on time.
배달원이 상품을 제시간에 배달했다.

축하하다	불꽃놀이	연습	효과적인	방법	곰팡이
퍼지다	빵	습기	신부	보석	선물
무례하게	인사하다	어른	전공하다	경제학	대학
피해자	사고	치료하다	병원	무시하다	경고
잔인한	차다	배달	배달하다	상품	제시간에

18 61
We **produce** electricity using water and coal.
위 프러듀:쓰 일렉추뤼씨디 유징 워러r 앤(드) 코울.

18 62
He urgently wanted **someone** to help him.
히 어r쥔리 원닡 썸원 투 헬프 힘.

18 63
The trading company exports cosmetics by **canal**.
더 추뤠이딩 컴뻐니 엑쓰포r츠 커스메릭쓰 바이 커낼.

18 64
I **assume** he is the real criminal.
아이 어숨: 히 이즈 더 뤼을 크뤼미늘.

18 65
The movie was so **fearful** that I closed my eyes.
더 무비 워즈 쏘우 피어r플 댙 아이 클로우즌 마이 아이즈.

18 66
Many yachts and boats are docked at the **harbor**.
메니 야:츠 앤(드) 보우츠 아r 닥트 앹 더 하:r버r.

18 67
Curious babies touch everything.
큐뤼어쓰 베이비즈 터취 에브뤼띵.

18 68
A helicopter and an airplane **crashed** in the sky.
어 헬리코웊터r 앤 언 에어r플레인 크래쉬트 인 더 스까이.

18 69
Now that you **mention** him, I remember his name.
나우 댙 유 멘션 힘, 아이 뤼멤버r 히즈 네임.

18 70
I blocked the **spear** he threw with a shield.
아이 블락(트) 더 스피어r 히 쓰로 위드 어 쉬:일드.

☐ produce	☐ electricity	☐ coal	☐ urgently	☐ someone	☐ trade
☐ export	☐ cosmetics	☐ canal	☐ assume	☐ real	☐ criminal
☐ fearful	☐ close	☐ yacht	☐ dock	☐ harbor	☐ curious
☐ touch	☐ everything	☐ helicopter	☐ airplane	☐ crash	☐ now that~
☐ mention	☐ remember	☐ block	☐ spear	☐ throw	☐ shield

18 61 We **produce** electricity using water and coal.
물과 석탄을 사용해 전기를 생산한다.

18 62 He urgently wanted **someone** to help him.
그는 도와줄 누군가를 급하게 원했다.

18 63 The trading company exports cosmetics by **canal**.
무역회사는 운하로 화장품을 수출한다.

18 64 I **assume** he is the real criminal.
나는 그가 진짜 범인이라고 추정한다.

18 65 The movie was so **fearful** that I closed my eyes.
영화가 무서워서 나는 눈을 감았다.

18 66 Many yachts and boats are docked at the **harbor**.
항구에 많은 요트와 보트가 정박했다.

18 67 **Curious** babies touch everything.
호기심 많은 아기들은 모든 것을 만진다.

18 68 A helicopter and an airplane **crashed** in the sky.
헬리콥터와 비행기가 하늘에서 충돌했다.

18 69 Now that you **mention** him, I remember his name.
네가 그를 언급했기 때문에 그의 이름이 기억난다.

18 70 I blocked the **spear** he threw with a shield.
나는 그가 던진 창을 방패로 막았다.

생산하다	전기	석탄	급하게	누군가	무역하다
수출하다	화장품	운하	추정하다	진짜의	범인
무서운	감다	요트	부두에 대다	항구	호기심 많은
만지다	모든 것	헬리콥터	비행기	충돌하다	~이기 때문에
언급하다	기억하다	막다	창	던지다	방패

Step **2**

발음편

18
71   I use the **recorder** to record the lecture.
아이 유즈 더 <u>뤼</u>코:r더r 투 <u>뤼</u>코r(드) 더 렉춰r.

18
72   **Cancer** is difficult to cure even in modern medicine.
캔써r 이즈 디피컬(트) 투 큐어r 이<u>브</u> 인 마런 메디쓴.

18
73   The **athlete** ran to strengthen his muscles.
디 애뜰릳: 뤤 투 스추뤵뜬 히즈 머쓸즈.

18
74   The relationship between seniors and **juniors** was good.
더 <u>뤼</u>레이션쉽 비트윈 씨:니어r즈 앤(드) 주니어r즈 워즈 굳.

18
75   The **rooster** cried loudly at sunrise.
더 루:스터r 크롸이드 라우들리 앹 썬롸이즈.

18
76   Wash **fuzzy** peaches with a detergent for fruits.
와쉬 퍼지 피취즈 위드 어 디터r줜트 포r 프루츠.

18
77   The museum is **displaying** a painter's painting.
더 뮤지엄 이즈 디쓰플레잉 어 페인터r즈 페인팅.

18
78   The **headline** of the newspaper caught her attention.
더 헤들라인 어<u>브</u> 더 뉴쓰페이퍼r 캍 허r 어텐션.

18
79   The horse is eating the wheat from the **container**.
더 호r쓰 이즈 이링 더 윝 <u>프</u>뤔 더 컨테이너r.

18
80   This device converts information into **digital** data.
디쓰 디<u>바</u>이쓰 컨<u>버</u>r츠 인퍼r메이션 인투 디쥐를 데이라.

---

recorder	record	lecture	cancer	cure	modern
medicine	athlete	strengthen	muscle	relationship	senior
junior	rooster	loudly	sunrise	fuzzy	peach
detergent	museum	display	headline	newspaper	catch
attention	container	device	convert	information	digital

18 71 I use the **recorder** to record the lecture.
난 강의를 녹음하는 데 녹음기를 사용한다.

18 72 **Cancer** is difficult to cure even in modern medicine.
암은 현대 의학으로 치료가 어렵다.

18 73 The **athlete** ran to strengthen his muscles.
그 운동선수는 근육을 단련하려고 뛰었다.

18 74 The relationship between seniors and **juniors** was good.
선배와 후배의 관계가 좋다.

18 75 The **rooster** cried loudly at sunrise.
일출이 되면 수탉이 큰소리로 운다.

18 76 Wash **fuzzy** peaches with a detergent for fruits.
솜털로 덮힌 복숭아를 과일용 세제로 씻어라.

18 77 The museum is **displaying** a painter's painting.
미술관은 화가의 그림을 전시하고 있다.

18 78 The **headline** of the newspaper caught her attention.
신문의 제목이 그녀의 주의를 붙잡았다.

18 79 The horse is eating the wheat from the **container**.
말이 용기에 있는 밀을 먹고 있다.

18 80 This device converts information into **digital** data.
이 장치는 정보를 숫자로 된 자료로 바꾼다.

녹음기	녹음하다	강의	암	치료하다	현대의
약	운동선수	단련하다	근육	관계	선배
후배	수탉	큰소리로	일출	솜털이 난	복숭아
세제	박물관	전시하다	제목	신문	붙잡다
주의	용기	장치	전환하다	정보	숫자로 된

18 81 The principal has issued **strict** school rules.
더 프륀써플 해즈 이슈드 스추륔(트) 스쿨 루울즈.

18 82 She **folded** the colored paper to make a crane.
쉬 포울딛 더 컬러r드 페이뻐r 투 메이크 어 크뤠인.

18 83 He built a **rectangular** shaped brick.
히 빌트 어 뤤탱귤러r 쉐잎트 브륔.

18 84 I am now **accustomed** to new environments.
아이 엠 나우 어커쓰텀(드) 투 뉴 인바이뤈멘츠.

18 85 The **officer** is controlling cars on the street.
디 오:피써r 이즈 컨추로울링 카즈 온 더 스추뤼트.

18 86 They strongly demanded **civil** rights.
데이 스추롱리 디맨딛 씨블 롸이츠.

18 87 The director was surprised at the movie's **success**.
더 디뤡터r 워즈 써r프롸이즈드 앹 더 무비즈 썩쎄스.

18 88 I believe that aliens **exist** on other planets.
아이 블리브 댙 에얼리언즈 이그지스트 온 아더r 플래니츠.

18 89 The **reaction** to his speech is sensational.
더 뤼액션 투 히즈 스삐취 이즈 쎈쎄이셔늘.

18 90 Human **organs** include the heart, lungs, and liver.
휴먼 오:r건즈 인클루(드) 더 하r트, 렁즈, 앤(드) 리버r.

principal	issue	strict	rule	fold	crane
rectangular	shape	brick	accustomed	environment	officer
control	street	demand	civil	right	director
surprised	success	alien	exist	planet	reaction
speech	sensational	organ	include	lung	liver

18 81
The principal has issued **strict** school rules.
교장은 엄격한 학교 규칙을 발표했다.

18 82
She **folded** the colored paper to make a crane.
그녀는 색종이를 접어서 학을 만들었다.

18 83
He built a **rectangular** shaped brick.
그는 직사각형 모양의 벽돌을 쌓았다.

18 84
I am now **accustomed** to new environments.
나는 이제 낯선 환경에 익숙해졌다.

18 85
The **officer** is controlling cars on the street.
경찰관이 도로 위의 차들을 통제하고 있다.

18 86
They strongly demanded **civil** rights.
그들은 시민의 권리를 강하게 요구했다.

18 87
The director was surprised at the movie's **success**.
감독은 영화의 성공에 놀랐다.

18 88
I believe that aliens **exist** on other planets.
난 외계인이 다른 행성에 존재한다고 믿는다.

18 89
The **reaction** to his speech is sensational.
그의 연설에 대한 반응은 선풍적이다.

18 90
Human **organs** include the heart, lungs, and liver.
사람의 장기중에는 심장, 폐, 간을 포함한다.

교장	발표하다	엄격한	규칙	접다	학
직사각형의	모양	벽돌	익숙한	환경	경찰관
통제하다	도로	요구하다	시민의	권리	감독
놀란	성공	외계인	존재하다	행성	반응
연설	선풍적인	장기	포함하다	폐	간

18 91 I wrote the address and **zip code** on the envelope.
아이 로웉 디 애주뤠쓰 앤(드) 짚 코우드 온 디 엔블로웊.

18 92 Eventually the town got isolated by the **snowstorm**.
이벤추일리 더 타운 같 아이썰레이릳 바이 더 스노우스톰:.

18 93 The decoration of this Christmas tree is **terrific**.
더 데커뤠이션 어브 디쓰 크뤼스마쓰 추뤼 이즈 터뤼픽.

18 94 I **amused** the children with panda makeup.
아이 어뮤즈(드) 더 췰드뤈 위드 팬다 메이크엎.

18 95 A balanced **diet** is important for patients to recover.
어 밸런쓰트 다이엍 이즈 임포r턴트 포r 페이션츠 투 뤼커버r.

18 96 He has no ink to put in the **fountain-pen**.
히 해즈 노우 잉크 투 풑 인 더 파운튼-펜.

18 97 I will definitely **fulfill** my sacred mission.
아이 윌 데피녈리 풀필 마이 쎄이크뤋 미션.

18 98 She **sprayed** the chemical to catch the mosquito.
쉬 스프뤠잍 더 케미클 투 캩취 더 머쓰끼로우.

18 99 He **quit** smoking for a healthy life.
히 쿠잍 스모우킹 포r 어 헬씨 라이프.

19 00 Don't hesitate to tell me your **thoughts** honestly.
도운(트) 헤즈테잍 투 텔 미 유어r 쏘:츠 어니슬리.

address	zip code	envelope	eventually	town	isolate
snowstorm	decoration	terrific	amuse	makeup	balance
diet	important	patient	recover	fountain-pen	definitely
fulfill	sacred	mission	spray	chemical	mosquito
quit	smoke	healthy	hesitate	thought	honestly

18 91 I wrote the address and **zip code** on the envelope.
나는 편지봉투에 주소와 우편번호를 썼다.

18 92 Eventually the town got isolated by the **snowstorm**.
눈보라로 마을이 결국 고립되었다.

18 93 The decoration of this Christmas tree is **terrific**.
이 크리스마스트리의 장식은 훌륭하다.

18 94 I **amused** the children with panda makeup.
나는 판다 분장으로 아이들을 즐겁게 했다.

18 95 A balanced **diet** is important for patients to recover.
균형 잡힌 식사는 환자가 회복하기 위해서 중요하다.

18 96 He has no ink to put in the **fountain-pen**.
그는 만년필에 넣을 잉크가 없다.

18 97 I will definitely **fulfill** my sacred mission.
나는 신성한 임무를 확실히 이행하겠다.

18 98 She **sprayed** the chemical to catch the mosquito.
그녀는 모기를 잡기 위해 화약 물질을 뿌렸다.

18 99 He **quit** smoking for a healthy life.
그는 건강한 삶을 위해 흡연을 그만뒀다.

19 00 Don't hesitate to tell me your **thoughts** honestly.
주저하지 말고 솔직히 네 생각을 말한다.

주소	우편번호	봉투	결국	마을	고립시키다
눈보라	장식	훌륭한	즐겁게 하다	분장	균형을 잡다
식사	중요한	환자	회복하다	만년필	확실히
이행하다	성스러운	임무	뿌리다	화학 물질	모기
그만두다	흡연을 하다	건강한	주저하다	생각	솔직히

19 01 Is there a free parking **zone** near here?
이즈 데어r 어 프뤼 파r킹 조운 니어r 히어r?

19 02 He **tanned** his body for the Mr. Muscle Contest.
히 탠드 히즈 바디 포r 더 미스터r 머쓸 컨테스트.

19 03 The secretary sorted the **data** in alphabetical order.
더 쎄크뤄테뤼 쏘r틷 더 데이라 인 알파베티클 오r더r.

19 04 The **environment** affects a person's personality.
디 인바이뤈멘트 어펙츠 어 퍼r쓴쓰 퍼r써낼러디.

19 05 He is a **liar** so no one believes him.
히 이즈 어 라이어r 쏘우 노우 원 블리브즈 힘.

19 06 The college **curriculum** this semester is tight.
더 칼리쥐 커뤼큘럼 디쓰 쎄미스터r 이즈 타잍.

19 07 The soldier **surrendered** at the end of a fierce battle.
더 쏘울줘r 써뤤더r드 앹 디 엔드 오브 어 피어r쓰 베를.

19 08 They carried weapons on a different **route**.
데이 캐뤼드 웨뻔즈 온 어 디퍼뤈(트) 라욷.

19 09 Bamboo **stems** are used as fans and baskets.
뱀부 스템즈 아r 유즈드 애즈 팬즈 앤(드) 배스키츠.

19 10 He **educated** his daughter on traditional manners.
히 에주케이릳 히즈 도:러r 온 추러디셔늘 매너r즈.

free	parking zone	near here	tan	muscle	contest
secretary	sort	alphabetical	order	environment	affect
personality	liar	believe	college	curriculum	semester
tight	surrender	fierce	battle	carry	weapon
route	bamboo	stem	fan	educate	traditional

19 01 Is there a free parking **zone** near here?
이 근처에 무료 주차 구역이 있나요?

19 02 He **tanned** his body for the Mr. Muscle Contest.
그는 육체미 대회를 위해 몸을 태웠다.

19 03 The secretary sorted the **data** in alphabetical order.
비서가 자료를 알파벳 순으로 분류했다.

19 04 The **environment** affects a person's personality.
환경이 사람 성격에 영향을 준다.

19 05 He is a **liar** so no one believes him.
그는 거짓말쟁이라서 아무도 그를 믿지 않는다.

19 06 The college **curriculum** this semester is tight.
이번 학기 대학 교육과정이 빡빡하다.

19 07 The soldier **surrendered** at the end of a fierce battle.
군인은 격렬한 전투 끝에 항복했다.

19 08 They carried weapons on a different **route**.
그들은 다른 경로로 무기를 운반했다.

19 09 Bamboo **stems** are used as fans and baskets.
대나무 줄기는 부채와 바구니로 쓰인다.

19 10 He **educated** his daughter on traditional manners.
그는 딸에게 전통의 예절을 교육했다.

무료의	주차구역	이 근처에	햇볕에 태우다	근육	대회
비서	분류하다	알파벳순의	순서	환경	영향을 미치다
성격	거짓말쟁이	믿다	대학	교육과정	학기
빡빡한	항복하다	격렬한	전투	운반하다	무기
경로	대나무	줄기	부채	교육하다	전통의

19 11 She **shut** her eyes in a creepy scene.
쉬 셧 허r 아이즈 인 어 크뤼피 씬.

19 12 The **lord** of the castle has many servants and lands.
더 로:r드 어브 더 캐쓸 해즈 메니 써r번츠 앤(드) 랜즈.

19 13 The Egyptian Pyramids are still a **mystery**.
디 이쥡션 피뢰미즈 아r 스틸 어 미스터뤼.

19 14 It's premature to **conclude** that he's guilty.
이츠 프뤼머추어r 투 컨클루:드 댙 히즈 길티.

19 15 I got an **earache** after I fell into the pond.
아이 같 언 이어r에잌 애프터r 아이 펠 인투 더 판:드.

19 16 Put water and sugar into a bowl and **stir**.
풑 워러r 앤(드) 슈거r 인투 어 보울 앤(드) 스터r.

19 17 He has to repay the **debt** he borrowed from the bank.
히 해즈 투 뤼페이 더 뎉 히 바로우드 프뤔 더 뱅크.

19 18 She is a **composer** of church hymns.
쉬 이즈 어 컴포우줘r 어브 춰r취 힘즈.

19 19 **Oxygen** is an essential material for humans.
악씨줜 이즈 언 에쎈셜 머티뤼을 포r 휴먼즈.

19 20 **Whose** name did you write on the ballot paper?
후:즈 네임 딛 유 롸잍 온 더 밸렅 페이퍼r?

☐ shut	☐ creepy	☐ scene	☐ lord	☐ castle	☐ servant
☐ land	☐ Egyptian	☐ mystery	☐ premature	☐ conclude	☐ guilty
☐ earache	☐ pond	☐ sugar	☐ bowl	☐ stir	☐ have to
☐ repay	☐ debt	☐ borrow	☐ bank	☐ composer	☐ church
☐ hymn	☐ oxygen	☐ essential	☐ material	☐ whose	☐ ballot

19
11
She **shut** her eyes in a creepy scene.
그녀는 오싹한 장면에서 눈을 감았다.

19
12
The **lord** of the castle has many servants and lands.
그 성의 귀족은 많은 하인과 땅을 가졌다.

19
13
The Egyptian Pyramids are still a **mystery**.
이집트의 피라미드는 아직도 수수께끼다.

19
14
It's premature to **conclude** that he's guilty.
그가 유죄라고 결론을 내리는 건 성급하다.

19
15
I got an **earache** after I fell into the pond.
나는 연못에 빠진 후 귀 앓이를 앓았다.

19
16
Put water and sugar into a bowl and **stir**.
그릇에 물과 설탕을 넣고 휘저어라.

19
17
He has to repay the **debt** he borrowed from the bank.
그는 은행에서 빌린 빚을 갚아야 한다.

19
18
She is a **composer** of church hymns.
그녀는 교회 찬송가의 작곡가다.

19
19
Oxygen is an essential material for humans.
산소는 인간에게 필수적인 물질이다.

19
20
Whose name did you write on the ballot paper?
투표용지에 누구의 이름을 썼나요?

감다	오싹한	장면	귀족	성	하인
땅	이집트의	수수께끼	성급한	결론을 내리다	유죄의
귀 앓이	연못	설탕	그릇	휘젓다	해야만 한다
갚다	빚	빌리다	은행	작곡가	교회
찬송가	산소	필수적인	물질	누구의	무기명투표

**19
21** **Please** don't disturb me during the experiment.
플리:즈 도운(트) 디스터r브 미 주링 디 익쓰페뤼멘트.

**19
22** A poisonous snake **hissed** on the branch.
어 포이줘너쓰 스네잌 히쓰트 온 더 브뤤취.

**19
23** I just **excused** his mistake this time.
아이 줘스트 엑스큐:즈드 히즈 미스테잌 디쓰 타임.

**19
24** A **noted** singer played a concert in the village.
어 노우틷 씽어r 플레이드 어 컨써r트 인 더 빌리쥐.

**19
25** The **director** of the movie had the actor's audition.
더 디뤡터r 어브 더 무비 핻 디 액터r즈 오:디션.

**19
26** The **comb** got tangled up in her curly hair.
더 코움 같 탱글드 엎 인 허r 컬r리 헤어r.

**19
27** The company executive declined his **proposal**.
더 컴뻐니 이그제큐티브 디클라인드 히즈 프러포우즐.

**19
28** The university offers **scholarships** to its best students.
더 유니브r써디 아퍼r즈 스칼러r쉽쓰 투 이츠 베스트 스튜든츠.

**19
29** My mission is to find a **spy** in the government.
마이 미션 이즈 투 파인드 어 스파이 인 더 거번멘트.

**19
30** This bread made of walnuts and cheese is **tasty**.
디쓰 브뤧드 메이드 어브 월너츠 앤 취즈 이즈 테이스티.

disturb	during	experiment	poisonous	snake	hiss
branch	excuse	mistake	noted	concert	village
director	actor	audition	comb	tangle	curly
executive	decline	proposal	university	offer	scholarship
mission	spy	government	bread	walnut	tasty

19 21
Please don't disturb me during the experiment.
부디 실험하는 동안 방해하지 마세요.

19 22
A poisonous snake **hissed** on the branch.
나뭇가지 위에서 독이 든 뱀이 쉬익 했다.

19 23
I just **excused** his mistake this time.
나는 이번만은 그의 실수를 용서했다.

19 24
A **noted** singer played a concert in the village.
유명한 가수가 마을에서 연주회를 했다.

19 25
The **director** of the movie had the actor's audition.
영화감독이 배우의 오디션을 봤다.

19 26
The **comb** got tangled up in her curly hair.
빗이 그녀의 곱슬머리에 꽉 엉켰다.

19 27
The company executive declined his **proposal**.
회사 임원이 그의 제안을 거절했다.

19 28
The university offers **scholarships** to its best students.
대학교는 우수생에게 장학금을 제공한다.

19 29
My mission is to find a **spy** in the government.
나의 임무는 정부에 있는 첩자의 발견이다.

19 30
This bread made of walnuts and cheese is **tasty**.
호두와 치즈로 만든 이 빵은 맛이 좋다.

방해하다	~동안	실험	독이 든	뱀	쉬익 하다
나뭇가지	용서하다	실수	유명한	연주회	마을
감독	배우	오디션	빗	엉키게 하다	곱슬머리의
임원	거절하다	제안	대학교	제공하다	장학금
임무	첩자	정부	빵	호두	맛이 좋은

19 31 Do you know the new house **syndrome**?
두 유 노우 더 뉴 하우쓰 씬주로움?

19 32 The second hand bicycle I bought is almost **junk**.
더 쎄컨 핸드 바이씨클 아이 밭 이즈 올모우슽 쥉크.

19 33 She is an active and **talkative** woman.
쉬 이즈 언 액티브 앤(드) 토:커티브 워먼.

19 34 I **admire** the teacher from my heart.
아이 애드마이어r 더 티:춰r 프뤔 마이 하r트.

19 35 We **both** agreed to end the fight.
위 보우쓰 어그뤼ㄷ 투 엔(드) 더 파잍.

19 36 The baby is swimming in the **bathtub**.
더 베이비 이즈 스위밍 인 더 배쓰텁.

19 37 I was **confused** about the identical faces of the twins.
아이 워즈 컨퓨:즈(드) 어바웉 디 아이덴티클 페이스즈 어브 더 트윈즈.

19 38 A **lazy** man in the spring can't harvest in the fall.
어 레이지 맨 인 더 스프륑 캔(트) 하r베스트 인 더 폴.

19 39 A **preview** of a new film was held in the theater.
어 프뤼뷰: 어브 어 뉴 필름 워즈 헬드 인 더 띠어러r.

19 40 What is the **proper** word to describe this situation?
월 이즈 더 프롸퍼r 워r드 투 디쓰크롸이브 디쓰 시추에이션?

syndrome	second hand	bicycle	almost	junk	active
talkative	woman	admire	heart	both	agree
end	fight	bathtub	confuse	identical	twin
lazy	spring	harvest	fall	preview	film
hold	theater	proper	word	describe	situation

19 31 Do you know the new house **syndrome**?
혹시 새집 증후군이라고 아시나요?

19 32 The second hand bicycle I bought is almost **junk**.
내가 중고로 산 자전거는 거의 쓰레기다.

19 33 She is an active and **talkative** woman.
그녀는 활동적이고 수다스러운 여자다.

19 34 I **admire** the teacher from my heart.
나는 선생님을 마음으로부터 존경한다.

19 35 We **both** agreed to end the fight.
우리 둘 다 싸움을 끝내기로 동의했다.

19 36 The baby is swimming in the **bathtub**.
아기가 욕조에서 수영하고 있다.

19 37 I was **confused** about the identical faces of the twins.
난 쌍둥이의 똑같은 얼굴에 혼란스러웠다.

19 38 A **lazy** man in the spring can't harvest in the fall.
봄에 게으른 사람은 가을에 수확하지 못한다.

19 39 A **preview** of a new film was held in the theater.
새 영화의 미리 보기가 극장에서 열렸다.

19 40 What is the **proper** word to describe this situation?
이 상황을 묘사할 적당한 단어는 뭘까요?

증후군	중고의	자전거	거의	쓰레기	활동적인
수다스러운	여자	존경하다	마음	둘 다	동의하다
끝내다	싸움	욕조	혼란시키다	똑같은	쌍둥이
게으른	봄	수확	가을	미리 보기	영화
열리다	극장	적당한	단어	묘사하다	상황

**19
41** He **warned** me of my frequent absences.
히 원:드 미 어브 마이 프뤼쿠언(트) 앱쓴스즈.

**19
42** Mushrooms are one of the major **crops** in this area.
머쉬룸즈 아r 원 어브 더 메이줘r 크뢉쓰 인 디쓰 에어뤼아.

**19
43** The orchard **keeper** chased the sparrows away.
디 오r춰r드 키:퍼r 췌이쓰트 더 스빼로우즈 어웨이.

**19
44** It's illegal to hunt **wild** animals at random.
이츠 일리걸 투 헌트 와일드 애니멀즈 앹 뢘덤.

**19
45** His **chief** interests are baseball and football.
히즈 취:프 인터뤠스츠 아r 베이쓰볼 앤(드) 풑볼.

**19
46** Most modern people have **mobile** phones.
모우슽 마런 피쁠 해브 모우블 포운즈.

**19
47** The dancer showed **graceful** movements.
더 댄써r 쑈우드 그뤠이쓰플 무브멘츠.

**19
48** Food waste is **serious** around the world.
푸드 웨이스트 이즈 씨뤼어쓰 어롸운(드) 더 워r을드.

**19
49** All the participants **marched** to the campsite.
올 더 파r티써펀츠 마:r취(트) 투 더 캠프싸잍.

**19
50** I measured the **length** and height of the couch.
아이 메줘r(드) 더 렝쓰 앤(드) 하읻 어브 더 카우취.

☐ warn	☐ frequent	☐ absence	☐ mushroom	☐ major	☐ crop
☐ area	☐ orchard	☐ keeper	☐ chase	☐ sparrow	☐ illegal
☐ wild	☐ random	☐ chief	☐ interest	☐ football	☐ modern
☐ mobile	☐ graceful	☐ movement	☐ waste	☐ serious	☐ participant
☐ march	☐ campsite	☐ measure	☐ length	☐ height	☐ couch

19 41 He **warned** me of my frequent absences.
그는 나에게 빈번한 결석을 경고했다.

19 42 Mushrooms are one of the major **crops** in this area.
버섯은 이 지역의 주요 농작물 중의 하나다.

19 43 The orchard **keeper** chased the sparrows away.
과수원 파수꾼이 참새들을 쫓아냈다.

19 44 It's illegal to hunt **wild** animals at random.
야생의 동물을 맘대로 사냥하는 것은 불법이다.

19 45 His **chief** interests are baseball and football.
그의 주요한 관심사는 야구와 축구다.

19 46 Most modern people have **mobile** phones.
대부분 현대인은 이동 전화기를 가지고 있다.

19 47 The dancer showed **graceful** movements.
무용수가 우아한 움직임을 보여줬다.

19 48 Food waste is **serious** around the world.
음식물 쓰레기는 세계적으로 심각하다.

19 49 All the participants **marched** to the campsite.
모든 참가자들이 야영지까지 행진했다.

19 50 I measured the **length** and height of the couch.
나는 긴 의자의 길이와 높이를 쟀다.

☐ 경고하다	☐ 빈번한	☐ 결석	☐ 버섯	☐ 주요한	☐ 농작물
☐ 지역	☐ 과수원	☐ 파수꾼	☐ 쫓다	☐ 참새	☐ 불법의
☐ 야생의	☐ 무작위의	☐ 주요한	☐ 관심사	☐ 축구	☐ 현대의
☐ 이동하는	☐ 우아한	☐ 움직임	☐ 쓰레기	☐ 심각한	☐ 참가자
☐ 행진하다	☐ 야영지	☐ 재다	☐ 길이	☐ 높이	☐ 긴 의자

19 51 The farmer gave **hay** and cold water to the horses.
더 파rᄆr 게이브 헤이 앤(드) 코울드 워러r 투 더 호스즈.

19 52 The **comments** on the movie are negative.
더 카멘츠 온 더 무비 아r 네거티브.

19 53 She is a new **staff** at the distribution company.
쉬 이즈 어 뉴 스태프 앹 더 디스추뤼뷰션 컴뻐니.

19 54 These are **musical** instruments for the concert.
디즈 아r 뮤지클 인스추로멘츠 포r 더 컨써r트.

19 55 I calculated the **width** and length of the rectangle.
아이 캘큘레이맅 더 윈쓰 앤(드) 렝쓰 어브 더 뤸탱글.

19 56 **None** of us was ready to give a presentation.
넌 어브 어쓰 워즈 뤠디 투 기브 어 프뤠젠테이션.

19 57 This **medicine** works for severe stomach pain.
디쓰 메디쓴 월r쓰 포r 씨비어r 스터먹 페인.

19 58 The **knight** hung his sharp sword on his waist.
더 나잍 헝 히즈 샤rᄑ 쏘rᄃ 온 히즈 웨이스트.

19 59 He proposed to me by saying, "Please **marry** me."
히 프러포우즏 투 미 바이 쎄잉, "플리즈 매뤼 미."

19 60 Fried **shrimp** is my favorite snack.
프롸읻 슈륌프 이즈 마이 페이버륕 스낵.

hay	comment	negative	staff	distribution	**musical**
instrument	concert	**calculate**	width	**length**	rectangle
none	**ready**	presentation	medicine	**work**	severe
stomach	pain	**knight**	**hang**	sharp	**sword**
waist	**propose**	marry	**fry**	shrimp	favorite

19 51 The farmer gave **hay** and cold water to the horses.
농부가 말들에게 건초와 찬물을 주었다.

19 52 The **comments** on the movie are negative.
그 영화에 대한 논평은 부정적이다.

19 53 She is a new **staff** at the distribution company.
그녀는 유통회사에 갓 입사한 직원이다.

19 54 These are **musical** instruments for the concert.
이것은 연주회를 위한 음악의 도구다.

19 55 I calculated the **width** and length of the rectangle.
나는 사각형의 폭과 길이를 계산했다.

19 56 **None** of us was ready to give a presentation.
우리 중의 아무도 발표준비가 안 되었다.

19 57 This **medicine** works for severe stomach pain.
이 약은 심한 위통에 효과가 있다.

19 58 The **knight** hung his sharp sword on his waist.
기사가 날카로운 검을 허리에 찼다.

19 59 He proposed to me by saying, "Please **marry** me."
그는 "나와 결혼해줘"라고 청혼을 했다.

19 60 Fried **shrimp** is my favorite snack.
새우 튀김은 내가 좋아하는 간식이다.

건초	논평	부정적인	직원	유통	음악의
도구	연주회	계산하다	폭	길이	직사각형
아무도 없다	준비가 된	발표	약	효과가 있다	심한
위	고통	기사	매달다	날카로운	검
허리	청혼하다	결혼하다	튀기다	새우	가장 좋아하는

099 day

19 61 The nurse wrapped a **bandage** around his arm.
더 너r쓰 뤱트 어 밴디쥐 어롸운드 히즈 암.

19 62 He is dreaming of a **successful** future.
히 이즈 주뤼밍 어브 어 썩쎄쓰플 퓨춰r.

19 63 I stared at him with my arms folded across my **chest**.
아이 스테어r드 앹 힘 위드 마이 암즈 포울딛 어크롸쓰 마이 췌스트.

19 64 Let's **split** our selling profits fairly between ourselves.
레츠 스플맅 아워r 쎌링 프롸피츠 페얼r리 비트윈 아워r쎌브즈.

19 65 He **cheated** people and took money from them.
히 취:릳 피쁠 앤(드) 툭 머니 프뤔 뎀.

19 66 She stopped to **avoid** a traffic accident.
쉬 스탚(트) 투 어보이드 어 추뤠픽 액씨던트.

19 67 In summary, the plan was a **complete** failure.
인 써머뤼, 더 플랜 워즈 어 컴플맅: 페일리어r.

19 68 **Critics** wrote short comments on the movie.
크뤼틱쓰 로울 쑈rt 커멘츠 온 더 무비.

19 69 A sea horse is a **marine** creature that resembles a horse.
어 씨 호r쓰 이즈 어 머륀: 크뤼춰r 댙 뤼젬블즈 어 호r쓰.

19 70 He suddenly heard a **loud** scream.
히 써든리 허r드 어 라우드 스크륌.

nurse	wrap	bandage	dream	successful	future
stare	fold	across	chest	split	profit
fairly	cheat	avoid	traffic	accident	summary
plan	complete	failure	critic	comment	sea horse
marine	creature	resemble	suddenly	loud	scream

19 61 The nurse wrapped a **bandage** around his arm.
간호사가 그의 팔에 붕대를 감았다.

19 62 He is dreaming of a **successful** future.
그는 성공적인 미래를 꿈꾸고 있다.

19 63 I stared at him with my arms folded across my **chest**.
나는 가슴에 팔짱을 끼고 그를 응시했다.

19 64 Let's **split** our selling profits fairly between ourselves.
우리끼리 판매이익을 공평하게 쪼개자.

19 65 He **cheated** people and took money from them.
그는 사람들을 속여서 돈을 빼앗았다.

19 66 She stopped to **avoid** a traffic accident.
그녀는 교통사고를 피하려고 정지했다.

19 67 In summary, the plan was a **complete** failure.
요약하면 그 계획은 완벽한 실패였다.

19 68 **Critics** wrote short comments on the movie.
비평가들은 영화에 대해 짧게 논평을 썼다.

19 69 A sea horse is a **marine** creature that resembles a horse.
해마는 말을 닮은 바다의 생물이다.

19 70 He suddenly heard a **loud** scream.
그는 갑자기 큰소리의 비명을 들었다.

간호사	싸다	붕대	꿈꾸다	성공적인	미래
응시하다	접다	가로질러	가슴	쪼개다	이익
공평하게	속이다	피하다	교통	사고	요약
계획	완벽한	실패	비평가	논평	해마
바다의	생물	닮다	갑자기	큰소리의	비명

19 71	For **example**, English is also a language.
	포r 이그잼플, 잉글리쉬 이즈 올쏘우 어 랭귀쥐.

19 72	Don't **trust** the person who cheats you.
	도운(트) 추뤄스(트) 더 퍼r쓴 후 취츠 유.

19 73	He **denied** that he betrayed his country.
	히 디나읻 댙 히 비추뤠이드 히즈 컨추뤼.

19 74	She admitted that she **deceived** him.
	쉬 어드미릳 댙 쉬 디씨:브드 힘.

19 75	He touched the wedding dress with his **dirty** hand.
	히 터취(트) 더 웨딩 주뤠쓰 위드 히즈 더:r디 핸드.

19 76	She **arranged** the tables in a circle.
	쉬 어뤠인쥐드 더 테이블즈 인 어 써r클.

19 77	The express train has **gradually** increased in speed.
	디 엑쓰프뤠쓰 추뤠인 해즈 그뤠주을리 인크뤼쓰트 인 스삐드.

19 78	He tried to **untie** the knot on the shoes.
	히 추롸읻 투 언타이 더 낱 온 더 슈즈.

19 79	I totally **forgot** my wife's birthday.
	아이 토를리 퍼r같 마이 와잎쓰 버r쓰데이.

19 80	By the way, what's the matter with you **lately**?
	바이 더 웨이, 워츠 더 메러r 위드 유 레잍리?

example	also	language	trust	person	cheat
deny	betray	country	admit	deceive	touch
wedding dress	dirty	arrange	circle	express	train
gradually	increase	speed	untie	knot	totally
forget	wife	birthday	by the way	matter	lately

19 71 For **example**, English is also a language.
예를 들면, 영어 또한 언어다.

19 72 Don't **trust** the person who cheats you.
널 속이는 그 사람을 믿지 마라.

19 73 He **denied** that he betrayed his country.
그는 조국을 배반했다는 것을 부인했다.

19 74 She admitted that she **deceived** him.
그녀는 그를 속였다는 걸 인정했다.

19 75 He touched the wedding dress with his **dirty** hand.
그는 더러운 손으로 웨딩드레스를 만졌다.

19 76 She **arranged** the tables in a circle.
그녀는 탁자들을 원으로 배열했다.

19 77 The express train has **gradually** increased in speed.
급행열차가 서서히 속도를 증가시켰다.

19 78 He tried to **untie** the knot on the shoes.
그는 신발 매듭을 풀려고 노력했다.

19 79 I totally **forgot** my wife's birthday.
나는 아내의 생일을 완전히 잊어버렸다.

19 80 By the way, what's the matter with you **lately**?
그런데 최근에 무슨 문제라도 있나요?

보기	또한	언어	믿다	사람	속이다
부인하다	배반하다	나라	인정하다	속이다	만지다
웨딩드레스	더러운	배열하다	원	급행의	열차
서서히	증가하다	속도	풀다	매듭	완전히
잊어버리다	아내	생일	그런데	문제	최근에

19 81 The Navy and the Air Force developed new **weapons**.
더 네이비 앤(드) 디 에어r 포r쓰 디벨로웊트 뉴 웨뻔쓰.

19 82 I ordered a **medium** size pizza.
아이 오r더r드 어 미디:엄 싸이즈 핕짜.

19 83 She overcame her **unhappiness** with much effort.
쉬 오우벌r케임 허r 언해삐네쓰 위드 머취 에퍼r트.

19 84 His betrayal **disappointed** me a lot.
히즈 비추뤠이얼 디써포인틷 미 얼 랕.

19 85 Her **bookcase** is full of cookbooks.
허r 붘케이쓰 이즈 풀 어브 쿸붘쓰.

19 86 I put a **thermometer** under my armpit.
아이 풑 어 써r마미터r 언더r 마이 암핕.

19 87 The candlelight **glowed** in the dark church.
더 캔들라잍 글로우드 인 더 다r크 춰r취.

19 88 I measured the **temperature** and humidity of the room.
아이 메줘r(드) 더 템퍼뤄춰r 앤(드) 휴미디티 어브 더 룸.

19 89 The flowers in the garden **grew** up on their own.
더 플라워r즈 인 더 가r든 그루 엎 온 데어r 오운.

19 90 He died for a struggle for **independence**.
히 다이드 포r 어 스추뤄글 포r 인디펜던쓰.

☐ Navy	☐ Air Force	☐ develop	☐ weapon	☐ order	☐ medium
☐ overcome	☐ unhappiness	☐ effort	☐ betrayal	☐ disappoint	☐ a lot
☐ bookcase	☐ be full of	☐ cookbook	☐ thermometer	☐ under	☐ armpit
☐ candlelight	☐ glow	☐ dark	☐ church	☐ measure	☐ temperature
☐ humidity	☐ garden	☐ on my own	☐ die	☐ struggle	☐ independence

19 81 The Navy and the Air Force developed new **weapons**.
해군과 공군은 신무기를 개발했다.

19 82 I ordered a **medium** size pizza.
나는 중간의 크기의 피자를 주문했다.

19 83 She overcame her **unhappiness** with much effort.
그녀는 불행을 힘들게 극복했다.

19 84 His betrayal **disappointed** me a lot.
그의 배신은 나를 대단히 실망시켰다.

19 85 Her **bookcase** is full of cookbooks.
그녀의 책장은 요리책으로 가득하다.

19 86 I put a **thermometer** under my armpit.
나는 온도계를 겨드랑이에 넣었다.

19 87 The candlelight **glowed** in the dark church.
촛불이 어두운 교회 안에서 빛났다.

19 88 I measured the **temperature** and humidity of the room.
난 방의 온도와 습도를 쟀다.

19 89 The flowers in the garden **grew** up on their own.
정원에 있는 꽃들은 그들 스스로 자랐다.

19 90 He died for a struggle for **independence**.
그는 독립 투쟁을 위해 죽었다.

☐ 해군	☐ 공군	☐ 개발하다	☐ 무기	☐ 주문하다	☐ 중간의
☐ 극복하다	☐ 불행	☐ 노력	☐ 배반	☐ 실망시키다	☐ 많이
☐ 책장	☐ ~로 가득하다	☐ 요리책	☐ 온도계	☐ ~아래에	☐ 겨드랑이
☐ 촛불	☐ 빛나다	☐ 어두운	☐ 교회	☐ 재다	☐ 온도
☐ 습도	☐ 정원	☐ 나 스스로	☐ 죽다	☐ 투쟁	☐ 독립

19 91 The **scenery** at the top of the mountain is really nice.
더 씨:너뤼 앨 더 탑 어브 더 마운튼 이즈 뤼을리 나이쓰.

19 92 Let's save the water against water **shortage**.
레츠 쎄이브 더 워러r 어겐스트 워러r 쇼:r티쥐.

19 93 Never forget to **fasten** your safety belt.
네버r 포r겥 투 패쓴 유어r 쎄이프디 벨트.

19 94 Their math scores were **equal** on the final exam.
데어r 매쓰 스코어rz 워r 이:쿠얼 온 더 파이늘 이그잼.

19 95 We had a birthday **celebration** party.
위 핸 어 버r쓰데이 쎌러브뤠이션 파r디.

19 96 There is not **enough** space between the two seats.
데어r 이즈 낱 이너프 스뻬이스 비트윈 더 투 씨:츠.

19 97 He went up the stairs **panting** his breath.
히 웬(트) 엎 더 스테어rz 팬팅 히즈 브뤠쓰.

19 98 I hung the kids' **photos** up on the living room wall.
아이 헝 더 키즈 포우로쓰 엎 온 더 리빙 룸 월.

19 99 I read poems **aloud** in Korean class.
아이 뤧 포우엄쓰 얼라우드 인 코뤼언 클래쓰.

20 00 There was a lot of **entertainment** to enjoy at the party.
데어r 워즈 어 랕 어브 엔터r테인멘(트) 투 인조이 앹 더 파r디.

---

scenery	top	save	against	shortage	never~
forget	fasten	safety belt	math	score	equal
final exam	birthday	celebration	enough	space	between
seat	stair	pant	breath	hang	photo
wall	poem	aloud	Korean class	entertainment	enjoy

19 91 The **scenery** at the top of the mountain is really nice.
산 정상에서 보는 경치는 정말 멋지다.

19 92 Let's save the water against water **shortage**.
물 부족에 대비해서 물을 아껴 쓰자.

19 93 Never forget to **fasten** your safety belt.
안전띠 묶는 것을 절대로 잊지 마라.

19 94 Their math scores were **equal** on the final exam.
그들의 기말시험 수학 점수는 같았다.

19 95 We had a birthday **celebration** party.
우리는 생일 축하 파티를 열었다.

19 96 There is not **enough** space between the two seats.
두 좌석 사이에 충분한 공간이 없다.

19 97 He went up the stairs **panting** his breath.
그는 숨을 헐떡거리면서 계단을 올라갔다.

19 98 I hung the kids' **photos** up on the living room wall.
나는 거실 벽에 아이들 사진을 걸었다.

19 99 I read poems **aloud** in Korean class.
나는 국어수업에 시를 큰소리로 읽었다.

20 00 There was a lot of **entertainment** to enjoy at the party.
그 파티는 즐길 오락거리가 많았다.

경치	정상	아끼다	대비해서	부족	절대 ~하지마라
잊어버리다	묶다	안전띠	수학	점수	같은
기말시험	생일	축하	충분한	공간	사이에
좌석	계단	헐떡거리다	숨	걸다	사진
벽	시	큰소리로	국어수업	오락거리	즐기다

표제어 리뷰 테스트

MP3 듣기

01	attic	21	human	41	might	61	produce	81	strict
02	chop	22	outgoing	42	suffer	62	someone	82	fold
03	bay	23	wealthy	43	galaxy	63	canal	83	rectangular
04	cellar	24	awesome	44	bold	64	assume	84	accustomed
05	part	25	grocery	45	nation	65	fearful	85	officer
06	worst	26	tax	46	landlord	66	harbor	86	civil
07	pity	27	envy	47	vest	67	curious	87	success
08	principal	28	theater	48	crisis	68	crash	88	exist
09	myth	29	politician	49	form	69	mention	89	reaction
10	bulb	30	pray	50	mysterious	70	spear	90	organ
11	yearbook	31	mate	51	celebrate	71	recorder	91	zip code
12	fee	32	clothesline	52	practice	72	cancer	92	snowstorm
13	detail	33	miracle	53	moisture	73	athlete	93	terrific
14	jar	34	normal	54	jewelry	74	senior	94	amuse
15	valley	35	bite	55	rudely	75	rooster	95	diet
16	mayor	36	beg	56	college	76	fuzzy	96	fountain-pen
17	hairdresser	37	drugstore	57	victim	77	display	97	fulfill
18	violent	38	deduct	58	caution	78	headline	98	spray
19	glance	39	crawl	59	cruel	79	container	99	quit
20	praise	40	drunk	60	goods	80	digital	00	thought

01	zone	21	please	41	warn	61	bandage	81	weapon
02	tan	22	hiss	42	crop	62	successful	82	medium
03	data	23	excuse	43	keeper	63	chest	83	unhappiness
04	environment	24	noted	44	wild	64	split	84	disappoint
05	liar	25	director	45	chief	65	cheat	85	bookcase
06	curriculum	26	comb	46	mobile	66	avoid	86	thermometer
07	surrender	27	proposal	47	graceful	67	complete	87	glow
08	route	28	scholarship	48	serious	68	critic	88	temperature
09	stem	29	spy	49	march	69	marine	89	grow
10	educate	30	tasty	50	length	70	loud	90	independence
11	shut	31	syndrome	51	hay	71	example	91	scenery
12	lord	32	junk	52	comment	72	trust	92	shortage
13	mystery	33	talkative	53	staff	73	deny	93	fasten
14	conclude	34	admire	54	musical	74	deceive	94	equal
15	earache	35	both	55	width	75	dirty	95	celebration
16	stir	36	bathtub	56	none	76	arrange	96	enough
17	debt	37	confused	57	medicine	77	gradually	97	pant
18	composer	38	lazy	58	knight	78	untie	98	photo
19	oxygen	39	preview	59	marry	79	forget	99	aloud
20	whose	40	proper	60	shrimp	80	lately	00	entertainment

정답

01	다락방	21	인간의	41	~일지 모르다	61	생산하다	81	엄격한
02	썰다	22	사교적인	42	고통을 받다	62	누군가	82	접다
03	만	23	부유한	43	은하계	63	운하	83	직사각형의
04	지하실	24	놀랄만한	44	대담한	64	추정하다	84	익숙한
05	부분	25	식료품	45	국가	65	무서운	85	경찰관
06	최악의	26	세금	46	집주인	66	항구	86	시민의
07	동정심	27	부러워하다	47	조끼	67	호기심 많은	87	성공
08	교장	28	극장	48	위기	68	충돌하다	88	존재하다
09	신화	29	정치가	49	서식	69	언급하다	89	반응
10	전구	30	기도하다	50	신비로운	70	창	90	장기
11	졸업앨범	31	짝	51	축하하다	71	녹음기	91	우편번호
12	요금	32	빨래줄	52	연습	72	암	92	눈보라
13	세부사항	33	기적	53	습기	73	운동선수	93	훌륭한
14	항아리	34	보통의	54	보석	74	선배	94	즐겁게 하다
15	골짜기	35	물다	55	무례하게	75	수탉	95	식사
16	시장	36	구걸하다	56	대학	76	솜털이 난	96	만년필
17	미용사	37	약국	57	피해자	77	전시하다	97	이행하다
18	난폭한	38	공제하다	58	경고	78	제목	98	뿌리다
19	흘낏 보다	39	기어 다니다	59	잔인한	79	용기	99	그만두다
20	칭찬하다	40	술에 취한	60	상품	80	숫자로 된	00	생각

정답

01	구역	21	부디 ~하세요	41	경고하다	61	붕대	81	무기
02	햇빛에 태우다	22	쉬익 하다	42	농작물	62	성공적인	82	중간의
03	자료	23	용서하다	43	파수꾼	63	가슴	83	불행
04	환경	24	유명한	44	야생의	64	쪼개다	84	실망시키다
05	거짓말쟁이	25	감독	45	주요한	65	속이다	85	책장
06	교육과정	26	빗	46	이동하는	66	피하다	86	온도계
07	항복하다	27	제안	47	우아한	67	완벽한	87	빛나다
08	경로	28	장학금	48	심각한	68	비평가	88	온도
09	줄기	29	첩자	49	행진하다	69	바다의	89	자라다
10	교육하다	30	맛이 좋은	50	길이	70	큰소리의	90	독립
11	감다	31	증후군	51	건초	71	보기	91	경치
12	귀족	32	쓰레기	52	논평	72	믿다	92	부족
13	수수께끼	33	수다스러운	53	직원	73	부인하다	93	묶다
14	결론을 내리다	34	존경하다	54	음악의	74	속이다	94	같은
15	귀앓이	35	둘 다	55	폭	75	더러운	95	축하
16	휘젓다	36	욕조	56	아무도 없다	76	배열하다	96	충분한
17	빛	37	혼란스러운	57	약	77	서서히	97	헐떡거리다
18	작곡가	38	게으른	58	기사	78	풀다	98	사진
19	산소	39	미리보기	59	결혼하다	79	잊어버리다	99	큰소리로
20	누구의	40	적당한	60	새우	80	최근에	00	오락거리